陪你读书

大学
How to Fulfill College Life
怎么过

马冬昕 —— 著

清华大学出版社
北京

本书封面贴有清华大学出版社防伪标签,无标签者不得销售。

版权所有,侵权必究。举报:010-62782989,beiqinquan@tup.tsinghua.edu.cn。

图书在版编目(CIP)数据

大学怎么过 / 马冬昕著. —北京:清华大学出版社,2023.12(2024.9重印)
(陪你读书)

ISBN 978-7-302-64202-2

Ⅰ.①大… Ⅱ.①马… Ⅲ.①大学生－学生生活 Ⅳ.① G645.5

中国国家版本馆 CIP 数据核字 (2023) 第 132094 号

责任编辑:王如月
装帧设计:设计·邱特聪
责任校对:王荣静
责任印制:丛怀宇

出版发行:清华大学出版社
    网　　址:https://www.tup.com.cn,https://www.wqxuetang.com
    地　　址:北京清华大学学研大厦 A 座　　邮　编:100084
    社 总 机:010-83470000　　邮　购:010-62786544
    投稿与读者服务:010-62776969,c-service@tup.tsinghua.edu.cn
    质 量 反 馈:010-62772015,zhiliang@tup.tsinghua.edu.cn

印 装 者:涿州汇美亿浓印刷有限公司
经　　销:全国新华书店
开　　本:165mm×235mm　　印　张:17.5　　字　数:160 千字
版　　次:2023 年 12 月第 1 版　　印　次:2024 年 9 月第 2 次印刷
定　　价:69.00 元

产品编号:094135-01

推荐序
努力成长为更好的自己

大学,一片能够让学子发现自己的园地。一所好大学,比如清华大学,总能为青年学子创造一种环境,为学生提供多种选择的机会,让他们去做各种发现自己的尝试,从而更准确地发现和把握自己的未来人生。

在校园生活中发现自己,是全方位的选择过程。比如,同学们会在参加各种体育活动中,发现自己喜欢的某一项运动,游泳、乒乓球、篮球、羽毛球等,学习掌握其技能,使之成为自己的爱好;还会报名加入艺术团,如军乐队、合唱队、曲艺队、话剧队等,最终发现自己更喜欢某一类艺术,然后深入其中;也会找到一群志同道合的伙伴,去做大家觉得有意义、感兴趣的事情,学校里的各种社团就是这样形成的,如国旗仪仗队、红十字会、求是学会等;通过参加各类学术研究活动,很多同学对包括自己专业在内的许多学术课题产生浓厚兴趣,而不少课题研究方向又是跨院系、跨专业领域的。在校园里,初始的学业生涯,还推动青年学子开始找寻未来事业或职业方向。总之,在丰富的校园生活中,在多重的选择中,青年学子被清华的文化和精神所影响,重塑了一个崭新的自己。

一所好大学,不止是让学生发现自己,还能够提供多样化的资

大学怎么过

源,让学生在发现自己之后,进一步努力发展自己。这也是教育的重要意义所在。

对清华而言,大学是培育多样化人才的园地,为青年学子多年后成为学术大师、兴业之士和治国栋梁奠定重要的基础。基于这样的理念,学校提供多样化的资源,营造多样化的环境,采取多样化的评价手段,使同学们都能够充分发展自己的个性。在他们身上,既有清华人普遍的特征,如家国情怀、社会责任意识、自强的精神、积极乐观的生活态度等;也有每个人的个性特征,展示出不同的才华和能力,不同的事业和职业取向。近年来,在学生中产生较大影响的思源计划、星火计划、本科生学术推进计划,以及音乐梦想计划等,每个计划都是因材施教,都为学生的多样化发展提供了多样性的资源。

对学生而言,发展自己同样也是一个过程。当学生有机会发现自己之后,他能够获得发展自己的机会,也能够获得发展自己的各类资源,这对大学本科学习期间的同学是特别重要的。发现自己和发展自己都是学生主动的过程,在同学们进入大学,适应了大学生活之后,就需要主动开始这一过程。当然,教师也要充当伯乐的角色,发现每一位学生的优势和特长,鼓励他们去发现和发展自己。

在发现自己和发展自己的过程中,成为更好的自己。马冬昕就是这样做的,她给我们树立了很好的示范和榜样。这本书主要展示了冬昕在清华的学习和生活,她的所感所悟,可以说是一个全景写照。书中展示出的冬昕在大学学习生活中的主动精神和积极乐观的态度,是值得同学们好好学习的。当然,我也见证了她和她的双胞胎姐姐马冬晗在清华的成长和成熟，当年她们参加特等奖学金答辩时的情景，如同昨天一样，历历在目。我读下来，深受启发和教益。冬昕一直坚持在学生学习与发展指导中心兼职担任咨询师，她以热情、细致和认真影响了很多学生。

特别高兴看到这本书的成书和出版，期待冬昕在未来的事业发展中做出更好的成绩，书写人生华章。

史宗恺
清华大学原党委副书记
现校务委员会副主任
清华校友总会副会长
于清华园

自 序

对于我来说，人生有两面，A 面和 B 面。

我人生的 A 面，显得非常顺利：2008 年被保送到清华大学化学系读本科，2011 年获得本科生特等奖学金，2012 年保送进入清华大学化学系读直博，2016 年获得研究生特等奖学金；2017 年博士毕业之后，赴加拿大多伦多大学做博士后研究；2022 年初，入职清华大学化学系，担任助理教授、博士生导师。

然而，我人生的 B 面却并非一路坦途。

我人生的 B 面，曾经无数次出现情绪波动。

大一新生入学之后，有一段时间，我每天晚上躺在宿舍的床上，用被子蒙住头，默默流泪，因为思念家乡，因为水土不服，更因为焦虑不安，不知道自己能否适应大学阶段的学习生活。在系内新生党员座谈会上，大家一一讲述入学以来的所思所想，我也诉说了自己的担忧：周围同学有不少是国赛的金牌、银牌得主，而我只是省赛一等奖，保送生考试成绩仅比录取线高出 0.5 分，是名副其实的"擦线"进清华，今后是否能和同学们"并驾齐驱"？

辅导员用校训"自强不息，厚德载物"鼓励我，说："只要你坚持努力，总会进步的，一年赶不上大家，就用两年、三年。"

大学怎么过

我半信半疑，但左思右想，也没有别的办法，就说服自己，放平心态，将担忧转化为行动。我平时早出晚归，尽量多去教室上自习，有学不懂的地方，就及时找老师、助教答疑。偶有闲暇，我也会约上新认识的好友散步、聊天，或者参加各种社工、社团活动，积极适应大学的学习与生活。

获得本科生特奖，保送硕博连读之后，我心情又复杂起来。一方面，为自己之前取得的好成绩感到高兴；另一方面，因听到周围"学习好，科研不一定能做好"的声音而心生惶恐。受情绪波动的影响，大四下学期毕业设计开始，我的学习状态也同步陷入低谷：每天浮皮潦草地做一会儿实验，就早早地回到宿舍，窝在电脑前看电视剧、打游戏。回想当时，我看的都是老掉牙的电视剧，毫无新意；玩的都是电脑系统自带的"扫雷""空当接龙"之类的初级游戏，虽极其无聊，却沉浸其中，难以自拔。就这样莫名其妙地玩了两个多月，课题进展缓慢，人也萎靡不振。

导师看出了我的异常，在一次组会之后，专门找我谈话。在得知我的担忧之后，导师对我说："本科期间学习成绩好，说明你足够聪明和勤奋，基础知识也扎实，说明你在科研上有潜力。进入研究生阶段，除了聪明、勤奋之外，也要讲究方法：好好做实验的同时，还要多看文献，积极思考学术问题，才能做好科研。"

在导师的鼓励下，我慢慢调整了自己的心态，循序渐进地提高做实验、看文献的时长和效率，终于渐入佳境，顺利拿到了博士学位，并有幸获得了研究生特奖。

我人生的 B 面，也曾经无数次想要中途放弃。

我的博士课题是"可升华离子型铱配合物的材料设计与性能研究"。导师告诉我，这个课题难度很大，从科学意义来说，这个课题的"创新点"在于如何通过化学手段进行合理设计，从而实现对材料物理化学性质的调控；从知识产权来看，则可突破别国掌握的核心专利限制，具有战略意义。导师对我说，这个课题难度很大，之前几次让学生尝试，都无果而终；但是，这个课题真的很重要、很有趣，建议我试试。

当时的我，刚刚获得了清华大学本科生的最高荣誉——特等奖学金，正是斗志昂扬、信心满满的时候。初生牛犊不怕虎，导师一鼓励，我就摩拳擦掌、跃跃欲试了。

我先上网查资料，看文献，发现整个领域当时仅有一篇研究论文，五年前发表在材料科学领域的国际知名期刊上，之后再也没有类似的报道。这使我感到好奇：这么久的时间里，难道这一领域真的没有别的什么成果吗？于是，我给这篇论文的通讯作者写了一封邮件，询问后续如何。对方很快回信了，表示"这个课题确实很难"，同时，也鼓励我不妨试一试。于是，我兴致勃勃地开始尝试：设计合成各种材料，提纯之后，再进行物理化学性质表征，研究材料是否可升华……

没想到，这一试，就是整整两年。我每天早出晚归，勤奋地工作着，课题却进展缓慢，失败的结果写满了我的实验记录本，挫败感充斥着我的内心。看着周围同级的博士生同学一篇接一篇地发论文，我甚至开始怀疑自己的能力。我有些坐不住了，寝食难安，几次三番地找导师，要求更换课题。

大学怎么过

导师对我说:"你现在已经是这个领域的专家了,不往下做,太可惜了。要不你再坚持半年,如果到时候还是做不出来,咱们就换方向!"

随后的一个学期,我担任了导师给本科生开设的一门专业课的助教。导师为了鼓励我,在课堂上,当着所有学生的面,点了我的名字,说:"她现在的课题很难,但是我相信,她在这学期结束之前,一定能做出漂亮的成绩!"

说实在的,我也不甘心就这样放弃。犹疑之中,我按照导师的建议,继续做了下去。终于,在尝试了七种材料体系之后,我们取得了突破性进展。之后的几年里,我合成了近百种新材料,制备了近千个有机发光器件,撰写了18本、近4000页的实验记录。它们摆在一起,像小山一样,详细记录了我的点滴努力,让我感到踏实和欣慰。

博士毕业之后,我孤身一人,前往加拿大多伦多大学从事博士后研究。课题组节奏快,工作忙,我每天早出晚归,上下班路上,常常一个行人也没有,只能看见流浪汉。他们有的缩在墙角酣睡,有的躺在排气口取暖。无论艳阳高照,还是刮风下雨,无家之人始终形单影只,流浪如斯。我每每路过,就心生怜悯、感同身受。他们也许是无家可归,而我却是有家难回,这使我觉得伤感,孤独像乌云一般,笼罩在我的头顶。

初来乍到的一个晚上,我在学校附近散步,走着走着,不知不觉天暗了,起风了,还下起了鹅毛大雪。我在黑灯瞎火中迷了路,只能凭借大致的记忆,沿着每个方向走走看,就这样,长途跋涉了两个多小时，才回到系馆。我又累又冷又饿，惊魂甫定，一进办公室，就忍不住哭起来。师兄师姐看见了，纷纷走过来安慰我，往我手里塞了各种零食，说："吃点东西，心情就好了！"

友谊和时间都是良药。在海外漂泊久了，我逐渐和师兄师姐熟悉起来，也习惯了这种孤独而忙碌的生活。合作导师要求严格，为了加快实验进度，我经常早晨五六点钟就到实验室工作，有过抱怨，也有过委屈。倦了，就在心里赌咒发誓"做实验好累，我再也不做科研了！"然后，去体育馆跑个步，游个泳，释放一下压力；困了，就趴在办公室的桌子上小憩片刻，然后，喝一杯咖啡，或者吃一个冰淇淋，继续工作……在内心深处，我把对祖国、对清华、对亲朋好友的思念之情，都化作努力工作的动力。"早日学成归国"，是那些年里我最有力的精神支柱。

2022年初，我如愿回到祖国，回到母校，成为清华园中的一名教师。我觉得幸福，能和昔日尊敬的老师共事，教书育人，实在是三生有幸；又深感惶恐，不知道自己能否顺利度过职业生涯第一站，在未来的学术道路上走得更远、走得更好。面对全新的压力与挑战，焦虑再次扑面而来，我仍然磕磕绊绊地继续前行。

这就是我人生的B面。也许有人会说，在你眼中，"努力"二字，仿佛轻描淡写，还算是B面吗？我想说的是，努力只是一种生活态度，并不是每天都必须达到的境界。即使现在，我对大多数事物已经形成稳定、清晰的认知，还是会偶尔受到周围人和事的影响，出现情绪的波动或状态的起伏。焦虑、惶恐、沮丧、倦怠……这些困扰，我也经常体会，也为之苦恼。但是，那又如何？我们都是凡

大学怎么过

人，只要整体处于螺旋式上升的状态即可，没有必要苛求自己像钟表一样精准，像苦行僧一样生活。

　　A面是鲜花与微笑，是荣誉与掌声。B面是眼泪与挣扎，同样是珍贵的心路历程。我记得自己合成的第一种发光材料，它在紫外灯的照射下，发出了美丽的光芒。那一刻，我与发光材料"一见钟情"，真真切切地领略到了科研之美、化学之美。我记得那些迎着朝阳走向系馆的清晨，那些在实验室孤灯只影度过的夜晚。那些专注于学术研究的日子，使我明白：历经艰难的岁月，才能产出丰硕的学术成果。它使我愈发相信，攀登科学高峰的过程，崎岖坎坷的山路，与意想不到的绝美风景同在。

　　A面是我，B面也是我。它们共同构成了完整而真实的我。因为，成长是起伏连绵的过程，不会一帆风顺，也没有一蹴而就。但这其中的每一分努力都不会白费，如同一颗颗种子，默默地埋下伏笔、积蓄力量，向下生根，向上发芽，有朝一日，终将蕾绽花开，成就生命的传奇。

　　（注：原文刊载于《离开清华的110种方式（Ⅱ）》，有删改）

前 言

"你真的在用传说中那么严格的计划表吗？"

"怎样才能克服拖延症，做好时间管理呢？"

"我以为自己学得很好，考试成绩却不理想，是哪里出了问题？"

"在科研过程中遇到困难，感觉焦虑或者苦闷，如何调整心态？"

"……"

两次获得清华学子的最高荣誉——特等奖学金之后，有许多学弟学妹向我询问大学阶段的时间管理、学习与科研方法。

"大学生常见的困惑有哪些？"

"怎样理解当代大学生群体？"

"应该如何指导学生做职业生涯规划？"

"怎样才能做到'双肩挑，两不误'？"

"……"

荣获"第9届全国高校辅导员年度人物"之后，也有不少高校教师、辅导员、咨询师同行与我讨论学生工作的经验与方法。

大学怎么过

我总是热情而耐心地回答这些问题,却因为受到时间、空间等限制而难以面面俱到。

久而久之,我萌生了将以上内容写成一本书的想法。

我想借此记录自己的心路历程。2008年8月,我被保送进入清华大学化学系,从本科读到博士。2017年博士毕业之后,我远赴加拿大,在多伦多大学从事博士后研究。在这漫长的求学、求知岁月里,我面临着挑战,也经历过挫折,逐渐成长、成熟。

我想借此书向各位恩师致敬。一路走来,我有幸遇到了许多好老师,有我的博士生导师——清华大学邱勇院士、博士后合作导师——加拿大多伦多大学爱德华·萨金特(Edward H. Sargent)教授。他们渊博的知识功底、深厚的学术造诣、高昂的工作热情、坚韧的科研精神,使我心驰神往。在他们的指引下,我也逐渐走上了科研的漫漫征途,坚定又充满自信。还有清华大学原党委副书记,现校务委员会副主任史宗恺老师。在清华读书期间,史老师曾多次与我谈心,关爱我、指导我、帮助我,鼓励我勤奋学习、认真工作、积极生活,使我受益匪浅。

我想以此帮助更多学生成长。读博期间,我曾担任清华大学化学系辅导员、学生工作组组长。2012年至今,我又在清华大学学生学习与发展指导中心担任兼职咨询师,并在中心的支持下,成立了"二维马"工作室,接触到许多学弟学妹,他们因为学习生活中遇到的各种问题而感到困惑,也因为未来发展的多样化和不确定性而产生焦虑。和大多数年轻人一样,我也曾经在遭遇困难的时候,感到茫然失措,短暂的灰心丧气之后,又重整旗鼓,积极调整心态,改善方法，提升能力，慢慢进步。我与他们倾心交谈，眼看着他们和曾经的我那样，继而以新的视角和方法，直面困难，然后克服困难；认识自我，然后超越自我。

我想，我帮到了他们。

我因而收获了成就感、价值感和助人的快乐。

深深感谢我的学生们，与朝气蓬勃的他们在一起工作是我的荣幸。我陪伴着比我更年轻的他们努力学习、追求梦想，他们也见证了我作为辅导员和咨询师的成长。

2020年春天，新冠疫情肆虐全球。多伦多封城，实验室停工。居家工作期间，我终于挤出时间，将自己的经验、教训和思考记录下来，写成此书。

本书共有五个章节，内容涉及大学学习、自我认知、生涯规划、科研入门、情绪管理等方面，时间跨度从本科入学一直到博士毕业。

其中有真实的学生辅导和咨询案例，也有我自己的成长经历。

愿这本书帮助你在大学创造更好的自己。青春岁月，我们一起成长。

（注：本书中涉及的学生辅导、咨询案例都是真实的，少量做了合并，并对学生的个人信息做了保密处理）

目 录

第一章
学习不是苦差事

讲方法，学习才轻松	2
会学习，考试有秘笈	14
时间管理，科学规划	26
实事求是，循序渐进	36

第二章
我的大学我做主

做加法，多尝试	56
沐朝露，伴夕阳	71
无体育，不清华	79
做减法，双肩挑	93

第三章
我的未来在何方

仰望星空，也要脚踏实地	106
取长补短，不如扬长避短	121

人物访谈，了解职业信息　　　131
生涯决策，勇敢付诸行动　　　142

第四章

通关升级做科研

选导师，选课题　　　158
读文献，学知识　　　173
做实验，长技能　　　181
写论文，做报告　　　193

第五章

做个快乐读书人

学在清华，快乐总在其中　　　208
事与愿违，也要为所当为　　　217
见贤思齐，但不妄自菲薄　　　231
接纳情绪，聚焦问题解决　　　245

后记　　　260

Chapter 1　　　　　　　　　　　　　第一章

学习不是
苦差事

讲方法，学习才轻松
会学习，考试有秘笈
时间管理，科学规划
实事求是，循序渐进

学生时代的首要任务是学习，每个阶段的学习任务有所不同。

小学阶段的学习，重点在于激发兴趣，培养好习惯，养成积极主动的学习意识。中学阶段的学习，重点在于锻炼思维，掌握好方法，形成适合自己的学习风格。大学本科阶段的学习，重点在于夯实基础，启发新思考，发现自己感兴趣的学科和专业方向。研究生阶段的学习，重点在于格物致知，创造新知识，在特定的研究领域内做出新成果。

虽然不同阶段的学习任务有所区别，各学科、专业的学习内容也迥异，但是，其背后的方法是类似的，可以相互借鉴，从而助力于自身的学业发展。

｜讲方法，学习才轻松｜

谈到学习方法，我们先来看一个问题：

一道题目，有两种常用的解题方法：第一种关注技巧，使用结构简单的算式、方程来解答；第二种则是按照一般模式去做，算式看起来有点复杂，方程解起来有点烦琐，但是，只要不怕麻烦，投入时间，耐心去做，就一定能够做出来。

试问，你会选择哪一种呢？

可能有不少同学会选择第一种，因为这是"更聪明的方法"。

但是，我们需要看到的是，第一种方法的前提，是要积累很多经验，才能掌握其中的技巧；而第二种方法则不然，只需要在此时此刻多花一些时间即可。所以，两种方法花费的总时间是差不多的。而且，与中小学阶段不同，大学学习涉及的内容多、难度大，第一种方法往往行不通，还是第二种方法更普遍和实用。

学习也是这样。很多同学关心"有没有更好的方法"，实际上，却连已知的方法都还没有真正掌握。已知的方法简单、朴实，却非常有效，其本质，就是认认真真、踏踏实实地学习。

如何做到认真、踏实呢？

首先，要重视课堂学习，认真听讲。

对于大多数同学而言，课堂学习是最重要、最高效的获得知识的途径。紧跟授课教师的思路进行学习，就能够准确地掌握知识，清晰地把握要点。

要想集中精力，提高听课效率，一个好方法就是记课堂笔记。

记课堂笔记有许多好处：

一是手眼耳并用，集中注意力。很多同学感到困扰的一点是，上课听不懂、跟不上老师的节奏。授课教师讲了哪些内容，声音是听得到的，但却感觉距离自己很遥远，难以参与其中，当然也就记不住、理解不了。这可能是由于他们并没有真正地将注意力集中于

大学怎么过

授课内容,而是心不在焉,听了下句就忘了上句,这样一来,确实难以听懂。而记课堂笔记,可以帮助同学们紧跟授课教师的思路,保持对教学内容的关注,避免走神。

二是加深记忆、促进思考。我当年就读的高中是省重点中学,每年都有不少学生考入清华北大等名校。高考录取结束后,他们会自发地组织"跳蚤市场",将自己的课堂笔记卖给师弟师妹做参考。上高一、高二的时候,我也曾经"追星"般地买过几本这样的课堂笔记来看,却发现效果并不好。我发现,市面上有各种各样的教辅资料,其知识框架结构完整,叙述逻辑清晰,远比师兄师姐的课堂笔记质量要高。与其看笔记,不如看教辅资料。记课堂笔记,重在过程而非结果,只有亲笔记录,积极思考,才能把老师讲授的知识消化吸收,真正装进自己的头脑里。

三是拓展知识、把握重点。大学和中学不同,授课教师往往是某一研究领域的专家学者,课堂上经常涉及一些教材里没有的前沿知识。如果当时没有记下来,可能很快就忘记了,以后也很难再找到,造成难以弥补的损失。另外,授课教师花费较多时间讲解的内容,多是这门课程的重点、难点,可以在记笔记的同时加以标注,便于课后复习。

我是上大学之后,才真正学会记课堂笔记的。小学和初中阶段,课堂上所学的知识比较简单,几乎从未出现"上课听不懂"的问题,我就没有养成记课堂笔记的习惯,只是一边听课,一边随手在教材空白处稍加记录。上高中之后,老师鼓励大家记课堂笔记,还拿出已经考入清华北大的师兄师姐的课堂笔记来给我们传阅。于是,我也跃跃欲试地效仿了一段时间，却发现存在两大困难。

一是写字慢，记课堂笔记的速度远远跟不上老师授课的速度。高中阶段，化学竞赛教练喜欢用电子讲义辅助授课，讲到高兴时，讲义一页一页翻得很快。即使我往本子上记录运笔如飞，也难免出现遗漏，留下不少空白。为了解决这个问题，我曾尝试用汉语拼音、英文缩写、简便符号来代替文字，类似"速记"，效果却不好。因为，我在课后还需要花费大量时间进行整理，甚至将笔记重新誊写一遍。

二是过分追求课堂笔记的美观，买椟还珠、本末倒置。看到师兄师姐的课堂笔记，我着实羡慕，满心期待着自己也能够写出同样精美的笔记。于是，我买来一个厚厚的本子，使用黑、蓝、红三种颜色的中性笔，图文并茂地记课堂笔记，效果也不好。因为，笔记的形式越复杂，记录的速度就越慢，花费的时间也就越多。

因此，整个高中阶段，我只断断续续地记了几本课堂笔记。所幸当时所学知识的难度不大，进度也适中，课后有充足的时间进行复习，记笔记的难题并未影响我的学习成绩。

进入清华以后，我意识到，大学课程内容多、进度快，如果不记课堂笔记，很难跟上授课教师的节奏。于是，我决定重拾这一习惯，并在实践中逐步克服此前遇到的问题。

与此同时，我渐渐认识到，课堂笔记只是听课的辅助工具，内容重于形式，无需一字不落、面面俱到，记录核心内容即可；也不必过分追求美观，字迹整齐、清晰易读即可。

大一学年秋季学期，我选修了一元微积分、几何与代数两门数

大学怎么过

学课,老师都采用板书的形式授课,在黑板上一步一步推导公式。我就循着老师的授课进度,一步步把笔记做详细,力争把老师讲的每一句话都记到笔记本上。经过半年的练习,我的书写速度提高了不少,也学会了"抓重点",记课堂笔记便不再是难题。即使后来,老师使用电子讲义来授课,我也不再发怵。我提前把电子讲义打印出来,然后一边听课,一边在讲义的空白处记录补充内容;如果无法提前拿到电子讲义,就在记不过来的时候,给讲义拍个照,再利用课余时间,整理到笔记本上。

其次,课后要重视复习。

不少大一新生选完课以后,会发现自己的课程表很空,课时安排远不如中学阶段那么多,好像学习不再是生活的重心,有大量的时间可以用于休闲娱乐。

其实不然。中小学阶段的学习有一套固定程式,学什么、何时学、怎么学,老师都有细致的安排。中小学教师如同"船夫",想方设法把学生"渡"到知识的彼岸。相比之下,大学阶段的课程多、内容深、难度大、自主性强,需要学生自己做规划,在一定的范围内,自己选择学什么,自己安排何时学,自己决定怎么学。大学教师如同"领航员",指引学生在知识的海洋里遨游。

一般而言,大学生在课上、课下投入时间的比例应该在1∶2至1∶3之间,即,每上一小时课,就应该花费两小时到三小时做课后复习。如果条件允许,复习最好在上完课的当天完成,效果更佳。

对于理工科课程而言,课后复习应该包括阅读教材、讲义和完成作业两部分。

那么,如何阅读教材、讲义呢?

教材、讲义的阅读属于"精细阅读"。关于"精细阅读",美国俄亥俄州立大学心理学教授、教育哲学家弗朗西斯·罗宾逊(Francis P. Robinson)在其著作《有效学习》(*Effective Study*)中谈到了一种方法,即SQ3R阅读法。SQ3R源自于Survey(纵览)、Question(提问)、Read(阅读)、Recite(背诵)和Review(复习)五个英文单词的首字母。

那么,具体到教材、讲义的阅读,我们应该怎么做呢?讲义多是教材的高度概括、提炼和总结,所以,在这里,我主要介绍一下教材的阅读方法,请读者举一反三,迁移至讲义的阅读。

首先,要"纵览"全书框架。包括目录,每一章节的标题、开头和结尾,帮助我们更好地把握教材的主要内容与核心思想,同时在心里"提问"。比如,这一章节主要讲的是什么内容?涉及哪些知识?可能有哪些要点?

然后,带着这些问题,开始阅读。阅读要"眼到、心到、手到",一边阅读,一边思考,一边画出重点段落或者语句。阅读越精细越好,如果能力允许,还可以亲自推导公式,或者给教材"挑错"。值得注意的是,阅读难度较高的部分时,不要一目十行、不求甚解,而应该适当放慢速度、细究其理。遇到看不懂的地方,也不要着急,随时停下来,重读几遍,反复琢磨,直到弄懂为止。对于教材里写得过于概括、晦涩难懂,或者浅尝辄止、不够深入的内容,可以随手记录下来,之后去图书馆或者上网查阅相关的资料,帮助

大学怎么过

消化理解,拓展知识面。

阅读的过程中,要随时保持"提问"的状态。比如,刚才看过的这部分,都讲了哪些内容?自己掌握了多少?——"提问"不仅能够锻炼独立思考、解决问题的能力,还可以提高学习与记忆的效率。

在阅读的同时,除了"提问",还需要"背诵"。并非背诵教材原文,而是尽可能多地复述其内容。一般而言,对内容的复述越准确和精细,对知识的理解也就越深入和透彻。另外,阅读之后,应当每隔一段时间复习一次,对所学知识进行串联加工、由点及面,从而加深印象,强化记忆,温故知新,增进理解。

后来,在SQ3R理论的基础上,人们进一步发展出PQ4R学习策略,包括Preview(预习)、Question(提问)、Read(阅读)、Reflect(反思)、Recite(背诵)和Review(复习)。相比于SQ3R阅读法,PQ4R学习策略增加了预习、反思两个环节,帮助人们更好地"学懂"知识。

达到什么状态才是真正"学懂"了知识呢?

所谓"学懂",因人而异。比如,清华为理工科专业的大一同学开设了微积分、几何与代数两门数学基础课,每年都有很多同学选修,这也是不少新生出现"学业困难"的起点。在学业咨询中,我发现,有的同学自信满满,觉得课程内容很简单,自己学得很轻松;而有的同学则诚惶诚恐,总是担心自己学得不扎实,理解不到位。起初,我以为,这是因为每个人的数学基础不同,或者理解能力有差异。后来,我发现,还有一部分原因,是大家对于"懂"的定义不同。

有的同学所认为的"懂",意味着"大致"知道这门课程讲了什么内容,有哪些公式定理;而有的同学则要求理解每个知识点的来龙去脉、不同知识点之间的逻辑关系,甚至必须把教材和讲义中的每个公式都亲自推导一遍,才算是"懂"。在学习过程中,前者的内心体验以轻松愉快为主,而后者则经常觉得忐忑不安。

对此,我的建议是,评估自己是否真的"学懂"了,以"能否独立完成作业"为标准。俗话说"光说不练假把式",大部分数学课的授课教师每周都会留一次作业。而对于学生而言,写作业就是最简单、常见的途径,用于检验自己的学习效果:有没有理解不清楚、不到位,甚至不正确的地方?

有的同学说,每次下课之后,都要复习很长时间,看完教材,看讲义,然后才能动笔写作业。写作业的过程中,经常还要回过头去,反复翻看教材和讲义,这能算是"独立完成作业"吗?

我认为不算。但是,大家不必为此感到焦虑,不妨将这个过程看成是课后复习的一项环节,只要最终将作业题弄明白即可。"写作业"类似于"开卷考试",遇到不会做的题目,可以翻看教材和讲义,可以去图书馆,或者上网查文献、找资料。甚至,如果条件允许的话,也可以找授课教师答疑,同学之间相互讨论,或者参考书后答案。但是,不管过程如何,最终都要静下心来,自己独立把作业题做一遍,以检验是否真的"懂"了。

除了认真听讲、及时复习之外,还有的同学会纠结于是否需要

大学怎么过

课前预习。他们一方面觉得预习会花费较多时间；另一方面又担心如果不预习，会影响听课效果。

我认为，大多数知识的学习，都要经历"从无到有"和"从初次接触到熟练掌握"的过程。"预习"和"复习"，并非二选一，二者本质上类似，只存在两点区别。

一是首次接收知识的方式不同。预习和复习是用"眼睛"来接收信息，可以根据个人实际情况，自由安排进度，遇到不懂的地方，还可以视觉停留、反复琢磨。而听课则是用"耳朵"来接收信息，进度主要由授课教师来决定。

因此，如果接收信息的速度快于授课进度，就会在听课时感觉"不满足"；如果接收信息的速度慢于授课进度，则会感觉"跟不上"，由此产生困扰。如果预习有助于跟上老师的授课进度，就建议提前预习；如果预习会导致听课时缺乏好奇心和新鲜感，影响了听课效果，就建议不要预习。

二是首次接收知识的环境不同。预习和复习通常是独立完成，较少受到周围环境的干扰，可以静下心来，反复思考、钻研。而听课则是集体行为，身处集体之中，集体形成的"场"可能使人感觉头脑兴奋、思维活跃，也可能使人感觉心情烦躁、思维受阻。

因此，如果你喜欢先通过独立思考，对所学知识形成初步的理解，再听课进行验证或者纠错，从而加深理解，就"先预习后听课"；如果你喜欢先通过听课建立基本概念，然后在此基础上进行复习、理解、记忆，就"先听课再复习"。

这样看来，"预习"只是诸多学习方法中的一种，按照个人偏好来选择即可。如果喜欢，就加以使用；如果不喜欢，也无需强求。

对于绝大多数课程，我几乎不预习。我喜欢听课时好奇心被满足的感觉，即使有些内容课上没听懂，也没关系，先留个初步印象，等到课后复习时，再将课上听到的"片段"、记下来的笔记，和教材、讲义上的内容结合起来，用心揣摩其中的奥妙，就能学明白。但是，也有例外：有些用英语讲授的专业课程，我就需要预习。因为，其中涉及的英文专业词汇太多，需要提前查清楚，否则，很难跟得上老师的思路。

受篇幅限制，我这里分享的只是理工科课程通常的学习方法。如果还想深入探讨某些专业课程的特殊学习方法，建议多与授课教师交流。

清华老校长梅贻琦先生曾说过："所谓大学者，非谓有大楼之谓也，有大师之谓也。"教师是一所高校最宝贵的财富之一，也是其履行立德树人职责和使命的坚强保证。高校教师，为师亦为范，不仅要传播知识、传播思想、传播真理，更要塑造灵魂、塑造品行、塑造人格，以学术造诣开启学生智慧，以人格魅力引导学生心灵。高校教师与中小学教师之不同，其显著的一点，是高校教师在"教书育人"的同时，还承担着繁重的科研任务，课时量相对较少，与学生的交流时间也有限。对此，不少大学生会很自然地产生这样的困惑，一方面"不知道应该如何跟老师交流"，另一方面又"觉得老师太忙，不好意思占用老师的时间"。

如何消解这样的困惑？首先要相信，大多数高校教师是关心学

大学怎么过

生的,即使他们工作再忙、事情再多,也愿意抽出时间与学生交流。毕竟,"师者,传道授业解惑也",教书育人是教师的首要职责。不少高校也鼓励教师通过"开放交流时间(Open Office Hour)""新生导引课"等方式,多与学生进行交流。

但是,与此同时,大学生也应该建立起"有问题主动找老师"的求教观念,而不能坐等老师来找自己。这一点,与课前预习、课后复习在本质上相通,都强调积极性、自主性。

接下来,新的问题又产生了,如何高质量地进行师生交流呢?

第一步,提前做好准备,将需要解决的问题进行归类。如果是针对某门课程专业知识的具体问题,建议找授课教师进行答疑;如果问题是针对某一具体的课题方向,可以求教于从事相关领域研究的教师;如果需要解答的问题比较宏观,诸如学习方法、思维模式、职业发展、生涯规划等,不妨求助于班主任、辅导员,或者前往学校的学习发展中心、心理发展中心、职业发展中心等专业机构进行咨询。

第二步,针对各类型问题,进一步明确每个具体问题的解决要点。如果是信息不充足,建议先做些搜索和调研,尝试自己解决;如果是思路不清晰,不妨画个思维导图,梳理现有思维脉络;如果想不出解决问题的好方法,则可以把实际存在的种种困难和可能的尝试路径一一列举出来,进行对比和分析。除了明确问题的核心关键,还要澄清期待:自己到底想要获得哪方面的指导或者帮助?准备越全面,思考越深入,内容越具体,问题越聚焦,"提问"就越有针对性，获得有效指导的可能性也就越高。

第三步，根据自己的具体问题，想想哪些老师有可能帮到你，再从中找到合适的人选。要注意自己的问题是否与对方的知识、能力、视野、阅历等互相匹配，不一定局限于某一位教师，甚至不一定局限于某一类教师。多与不同专业背景的教师交流，可以获得不同的视角，多角度、全方位地看待问题、解决问题。

第四步，通过发邮件、拨打办公电话等方式，与教师取得联系，或者择其开放交流时间，直接到达指定地点。注意言辞礼貌得体，如果相约面谈或者电话沟通的话，最好提前将自己的问题发给教师，给对方一点时间，做适当的准备，使真正交流的时候，效率更高、效果更好。

需要提醒同学们注意的是，高校教师并非万能，他们提供的解决问题的思路和方法不一定是解决问题的唯一途径，还可能有其他的思路。因此，在师生交流的过程中，提问者也要保持独立思考，最终通过辨识分析，得出属于自己的答案。

本小节最后，我想补充说明一点，学习方法，没有最好，只有更好；没有优劣之分，关键是要适合自己。只要"唯真求实"，坚持独立思考、积极探索实践，总能找到真正适合自己的学习方法。但与此同时，"学而不思则罔，思而不学则殆"，也不能舍本求末，一味追求最优方法而忽略了必要的时间投入。从某种意义上来说，最有效的学习方法是"静下心来，全神贯注"。《大学》里有言："知止而后有定，定而后能静，静而后能安，安而后能虑，虑而后能得"，正是这个道理。

会学习，考试有秘笈

每年11月中旬，秋季学期的期中考试之后，总有不少大一新生来到咨询室，向我诉说大学阶段的第一次"考试"带给他们的种种困惑与烦恼：

"我觉得自己学得挺好，在考场上发挥得也不错，为什么成绩却不理想？"

"我一上考场就感觉不妙了，成绩出来之后果然不好，是哪里出了问题？"

"我到底应该追求知识，还是应该追求好成绩？"

"……"

其实，我也有过类似的困惑。

小学和初中阶段，我的数学成绩一直很好。大考小考，满分150分的卷子，我的成绩几乎都在145分以上。中考前夕，我还参加了全国初中数学竞赛，获得了全省前十名的好成绩。这使我备受鼓舞，愈发喜爱数学。

上了高中，我满以为自己无需在数学上投入多少时间，也可以学得很好，就把主要精力用于化学竞赛的准备。每天一写完作业，我就捧着竞赛书，翻来覆去地看，很是沉迷。

第一次期中考试，我化学考了满分，数学成绩却很不理想。数学老师看了我的成绩单,对我的"偏科"表示出强烈不满,批评我没有用心学习数学,还恨铁不成钢地说我眼高手低,"一看就会,一做就错!"

当时,我并没有意识到自己的问题出在哪里,也不懂得从学习方法的角度来分析和改进。遭到老师批评,我感到有些沮丧,就暂时搁置了化学竞赛的学习,课余时间都用来复习数学,反复研读教材,希望能够深入理解基本概念,熟练掌握公式定理。高中数学课本上的内容并不多,我仔细看过一遍,就觉得自己都会了,作业题也都做得很顺手。期末考试时,我自信满满地上了考场,自我感觉也不错,但是没想到,成绩一出来,我又被数学拖了后腿。

这一次,不仅数学老师感到失望,我自己也失去了信心。想到辛辛苦苦努力了半天,却没有取得任何效果,我感觉不解又苦闷,对数学的兴趣也下降了。到后来,我甚至一拿起数学课本就发怵,一上数学考场就心慌意乱。

这种状态持续了很久,直到我被保送进了清华,仍对数学耿耿于怀。

上大学之后,我听说高等数学难度很大,心里顿时紧张起来,生怕重蹈覆辙,像高中阶段那样,被数学成绩拖后腿。听学长说,要想学好高等数学,就要多做习题。我买来了全套的《吉米多维奇》(白俄罗斯籍数学家鲍里斯·帕夫罗维奇·吉米多维奇所著《数学分析习题集》的中译本),利用课余时间,一道题接着一道题,按照顺序做下来。遇到不会做的题目,我就反复思考,尽最大可能独立解决问题。如果实在想不明白,我就对照书后答案,找老师、同学

大学怎么过

答疑,直到厘清思路、彻底理解为止。日复一日,经过大量的练习,我不仅在微积分考试中取得了好成绩,还对这门课程所涉及的概念、公式、定理都有了深入的理解,其中许多知识点,直到今天仍然印象深刻。

这种学习方式让我在高等数学中苦尽甘来。我把这个"笨方法"迁移到其他几门数学课的学习当中,并接连在几何与代数1、代数2,概率论与数理统计,随机数学方法,复变函数引论等课程考试中取得优秀成绩,甚至有三门课程拿到了满分。

然而,"笨方法"并非所向无敌。同样使用"笨方法",大二学年春季学期,我的"数理方程引论"只考了84分。

关于这门课程,我主观感觉,平时做到了上课认真听讲,课后及时复习,独立完成作业,与之前的学习并无明显差别。只是那一学期的期末,我忙于竞选系学生会主席,没有足够的时间进行复习。考试周到来之际,我草草翻阅了一遍教材,又浏览了一遍作业题,目之所及,似乎没有发现什么困难,再加上大学前两年我的数学成绩一直不错,就想当然地认为自己这门课程也学得很好。结果一考试,就暴露出许多问题来:计算题由于粗心而算错了好几处,丢分不少;一道证明题完全没有思路,感觉大脑一片空白,只好随手写了几个公式上去;而且,险些答不完试卷。

自认为学得很好,却没有考好,究竟是什么原因导致?学期过后,我冷静下来,重新回顾和反思这门课程走麦城的原因。我发现,没有考好的原因,恰恰在于自己其实并没有"学好"。成绩不理想的背后,反映出两方面的问题:一是学得不扎实,对知识的来龙去脉、逻辑关系不够熟悉,看见一道题目,不能很快联想到,它考查的是第几章的哪些知识点,会用到什么定理或者公式,而是需要从记忆中重新检索,花费不少时间。二是理解不透彻,记不清楚每个定理、公式的适用条件,考试过程中,时不时需要现场推导公式,导致计算速度降低,慌张赶时间,肯定会有丢三落四的粗心现象发生。

直到这时,我才终于弄明白,高中阶段,自己在数学学习上的问题出在了哪里。当时,我并未踏踏实实地学习,只是凭借着自己的"小聪明",平时走马观花地"看"过课本,便以为自己都会了。考试时才发现,课本上的那些知识点,于我仅仅是"眼熟",并未真正进入我的内心,有"一看就会,一做就错"为前提,更遑论"学以致用"了。

这样的反思,使我深深意识到,单从考试来论学习方法,"考得好"的前提之一是"学得好",但"学得好"并不意味一定"考得好","学得好"只是"考得好"的"必要但不充分条件"。所谓"考得好",意指在规定时间内将试卷上的大部分题目做对。这里面涉及三个要素:解题思路、解题速度、解题准确率缺一不可。而思路、速度、准确率,则需要有考场之外的充分训练才能在考场上得到充分展现。

因此,在学业咨询中,我常会建议来访同学,理工科类课程,在考前复习时,要做一些习题。

有同学质疑说,通过做题来复习,那不就成了"题海战术"吗?

大学怎么过

我不这样看。所谓"题海战术",指的是为了在考试中取得好成绩而盲目地做习题,只求数量,不顾质量。我所推崇的"多做习题",强调的是在课程复习的过程中,做适当的练习,求质求量,更好地理解和掌握所学知识。

适当的练习,可以巩固课堂学习的内容,将书本上的知识真正装进自己的头脑,内化于心;也可以检验自己对知识的理解程度,如果遇到困难,就说明还有尚未学懂的地方,需要"回炉再造",重新学过。这其中的道理,如同我们学习开车,不能"纸上谈兵",光靠看教材或者视频来学习驾驶的基本原理与动作要领,而必须坐到驾驶座上,在教练的指导下,亲自把车子开起来,然后反复练习体验各种车况路况,最终熟能生巧、掌控自如。

还有同学质疑说,在中小学阶段,从来不需要额外做习题,为什么上大学之后,反而需要了呢?

一方面,这是因为所学知识的难度不一样。通常情况下,难度越大的知识,需要的练习也就越多。就像背英文单词一样,Cat(猫)、Dog(狗)、Boy(男孩)、Girl(女孩)这些简单的英文单词,可能看一眼就能记住;但是,如果换成是 Pneumonoultramicroscopicsilicovolcanoconiosis(矽肺病)或者 Hippopotomonstrosesquippedaliophobia(长单词恐惧症)这样的单词,恐怕就需要多次背诵、反复记忆了。

另一方面,这也与课堂进度的快慢有关。中小学阶段,课堂进度比较缓慢,老师会一边授课,一边带领同学们做练习,也会布置不少家庭作业,供大家进行课后复习。对于智商比较高的学生,这样的习题量已经足够,无需再做额外的练习。而进入大学阶段,所学内容多、课时少,课堂进度明显加快,授课教师只负责讲解知识要点和个别例题,留的作业也不多,这就需要大家自行安排复习了。

做习题要讲究方法。怎样做习题才能产生更好的效果?

我结合自己多年的学习经历和从事学业咨询的经验,总结出以下五个"窍门"。

一是要"做一道,会一道"。大学阶段,除了高等数学、物理之外的大多数课程,教辅材料很少,可做的习题并不多,主要来源于作业题、书后题。因此,要把做过的每一道习题都弄明白,知道它考查的是什么概念,涉及哪些知识点,并熟练掌握其解题思路、技巧,不仅要"会算",还要确保"算对"。换句话说,如果在闭卷考试中遇到同样的题目,可以得到满分。

二是要"会一道,懂一类"。不少同学在中学阶段整理过"易考题""易错题",这个方法也可以迁移到大学学习当中。平时写作业、做习题的时候,要注意整理遇到的好题、难题。一方面,可以尝试"一题多解",从不同的角度看问题,融会贯通,把相关的知识点联系起来;另一方面,也不妨思考一下,这种解题方法还可以用到哪些类型的习题当中,产生举一反三的效果。

三是要分解任务,进行专项练习。在学业咨询中,我经常听到有同学抱怨高等数学中的"证明题"做不出来,甚至完全没有思路。其实,我也有过类似的烦恼。学微积分的时候,我觉得证明题很难,

大学怎么过

就花了很多心思去做"专项练习"。比如,复习教材和讲义的时候,我会试着推导一下其中涉及的公式,深入理解公式是怎么来的,有哪些充分必要条件和适用范围,从而锻炼"数学证明"的思路。又如,平时做练习时,看到教材或者教辅材料中有证明题,我就把题目和答案抄在一个笔记本上,整理成"习题集",一有空就拿出来温习。临近考试,我又把这些题目按照不同类型,比如涉及知识点、基本思路等,进行分类、归纳和总结,反复揣摩,加深理解。甚至,面对某些暂时不能理解的证明过程,我就干脆背下来,尝试着默写几遍,细细体会其中精妙的思路。事实证明,这种"专项练习"的方法非常有效。

四是要细心,提高准确率。在学业咨询中,我还听到有同学抱怨说,自己知识都学会了,就是容易粗心,在考试中只能发挥出七八成的水平。其实,"粗心"反映出来的,仍然是思维的盲区。粗心的本质是学得不扎实、用得不熟练。这里面固然有先天因素,有人心思缜密,有人则粗枝大叶。但更多是后天训练的结果。想想看,我们小时候10以内的口算可能都会马虎出错,现在还会吗?当然不,因为已经非常熟练了。由此可见,粗心的毛病是可以通过反复练习而得到纠正的。

以我自己为例。小学阶段,我曾经是班里出名的"马虎大王",尤其在数学考试中,总是因为粗心而犯一些"低级"错误。比如,把加号看成减号,数小数点的时候数错了位,或者列竖式计算时没有对齐,等等。因为姓马,同学们总是开玩笑地叫我"马小虎"。在相当一段时间内,我都没有把"马虎"当回事,认为"学会了就行了""下次注意点就好了"。后来,我发现自己总是因为粗心而考不出好成绩,觉得不甘心,就决定解决这个问题。于是,我向班里几个比较细心的同学讨教经验。他们建议我总结一个"考试注意事项",把自己平时容易犯错的地方记在本子上,考前拿出来翻一翻,提醒自己不要重蹈覆辙。另外,在考试的时候,要特别注意审题,可以用铅笔在题目的重要信息下面画一道横线做标记。我尝试了他们的办法,发现都很有效,就坚持下来,慢慢地改掉了"马虎"的缺点。

五是要积极、主动、有效地进行答疑。俗话说,"学贵有疑"。复习的过程,往往会产生一些疑惑。有些疑惑可以保留在脑海中,经过长期的思考,自己想出答案;有些疑惑则需要尽快解决,以免影响后续的学习。答疑本身也是有技巧的,因为高校教师不常做习题,虽然很有学问,却不一定掌握熟练的答题技巧。如果冷不丁拿一道题目去答疑,老师往往需要花费很长时间进行思考,才能给出答案,答疑的效率并不一定高。

因此,在答疑之前,一定要做好充足的准备。比如,面对一道不会做的习题,找不到答案,或者看不懂答案,就要先想一想,自己到底卡在哪里:是某个具体的知识点不理解,还是不同知识点之间的关系没有弄清楚?然后,在上述思考的基础上,再去找老师进行答疑。

在这里,给大家分享一个关于答疑的"笨"办法。

我曾经在遇到难题,自己看答案又看不懂的时候,就拿出一张A4纸,左右对折,分为两部分,将自己的解题思路写在左边,参考

大学怎么过

答案的解题思路抄在右边,一行一行,细细比较,找出其中的区别在哪里,从而发现自己思维的盲区。大多数时候,经过这样一番思考,我就能够知道自己在哪个地方出了错,即可独立解决问题;也有个别时候,我仍然想不明白,就直接拿着这张纸去找老师答疑,使其迅速发现问题之所在,从而提高答疑效率。

在学业咨询中,当我把这个方法分享给同学时,有的同学觉得很受启发,也有的同学会进一步提问:"我感觉自己学得不太懂,但是,又提不出具体问题来,应该怎么办呢?"

以我的经验来看,出现这种情况,多半是因为平时学得一知半解,又缺乏深入思考的习惯。如果想要改变,不妨多与周围同学交流,看看他们都有哪些问题,或者旁听别人答疑,通过其他同学与老师的"问答"过程来启迪自己思考,慢慢地,也就能够提出问题了。

总而言之,要想"学习好",办法也简单,就是"一分耕耘,一分收获"。再多的捷径、再好的窍门,都比不上踏踏实实付出努力来得实在。

本节之末,谈谈备考。

包括清华在内,高校的期末考试一般安排在每学期的最后一两周,需要提前安排复习,合理分配备考时间,制定备考计划。

制定计划之前,首先要做备考评估。

评估的内容包括但不限于:考试课程,考试时间、地点,考试类型——开卷、半开卷、闭卷,考试涉及的课程内容,相关参考资料，等等。

"开卷"考试和"闭卷"考试好理解。这里着重谈谈"半开卷"。"半开卷"考试，意指允许考生携带规定形式或者规定内容的材料进入考场。比如，化学考试可以带一张元素周期表，有的考试可以带一张内容不限的A4纸，还有的考试可以带一本指定教材，等等。

我曾经上过普通物理1、2、3，共三门物理学课程。每次考试，授课教师都允许同学们携带一张A4纸做参考。物理一直不是我的强项，我担心平时学得不好，就指望"考前抱佛脚"，在这张A4纸的准备上，下足了功夫。我曾尝试在这张A4纸上写满密密麻麻的小字，把教材和讲义里涉及的所有知识点，甚至例题、易错题都悉数誊写上去。我还曾尝试将各种知识点编成电子文档，先缩印到一张A4纸上，再用荧光笔画上花花绿绿的标记线。这样一来，A4纸上包含的内容确实很多，但对考试的实际帮助并不大。究其原因，一方面，是需要写的内容太多，考前光准备这张A4纸就要用去不少时间，影响了正常的复习；另一方面，真有需要的时候，又会发现关键信息往往"淹没"在其他内容里面，难以迅速找到。

于是，我就分析，授课教师允许同学们带A4纸进考场的目的是什么呢？可能有这两个动机，一是敦促同学们通过准备A4纸来强化课程复习，加深理解；二是引导同学们在复习备考时去粗取精，抓住要点，比如很多复杂的公式、参数，没有必要都记住，记住主要的，就可触类旁通，同时也起到为同学们减负的作用。

由此推知，A4纸的主要内容应该就是公式、参数，顶多加上这些公式的适用条件、变形方法、注意事项等，其他的内容，即使写

大学怎么过

了,一般情况下也用不上。如果考前没有学明白,像我一样拿着A4纸到考场上"现学现卖",肯定是来不及的。

然后,根据自己的实际学习情况和不同课程考试之间的间隔,制订"备考计划"。

备考内容一般包括:精读教材与讲义,最好能绘制出每门课程、每个章节的"思维导图",将零散的知识点构建成相对完整、逻辑清晰的知识体系;独立完成并熟练掌握作业题和书后题,最好能整理出一份"习题总结"。另外,条件允许的情况下,可以做一些模拟练习题(样题)或者往年考试真题来练手。

制订"备考计划",就是将以上这些备考内容,合理分配在考试周前的一段时间内,争取面面俱到,避免厚此薄彼,以达到整体平衡。

在清华读书期间,我们曾经开玩笑地总结,考试周有三种常见类型。

一是"紧锣密鼓型"。比如,从第一门考试开始,每隔一两天就有一门考试,安排比较紧凑。这种情况下,建议同学们在考试周开始之前就完成所有课程的复习,每门考试前,再快速浏览一遍"思维导图"和"习题总结",做些题目练练手,查缺补漏、加深记忆即可。

二是"均匀分布型"。比如,从第一门考试开始,每隔三四天就有一门考试,节奏相对平缓。这种类型比较轻松,在每门考试之前,都有充足的时间复习"思维导图"和"习题总结",还可以适当做一些练习,提高答题的熟练程度。

三是"前紧后松型"。比如,前几门考试结束之后,有相当长的一段间隔,然后再考最后一门或者两门。这种情况下,需要提前复习好前面的课程(类似于"紧锣密鼓型"),而最后一两门课程的复习时间比较充裕,平时学得好的同学,甚至可以等到考完其余课程之后,再开始复习。

我本科阶段最难忘的一次备考经历,是我的选修课——医学院开设的"人体解剖与组织学"和专业课——化学系开设的"元素化学"的期末考试安排在同一时间,冲突了。

于是,我提前向专业课教师提出申请,先考"人体解剖与组织学",之后再考"元素化学"。这两门课程都有大量的内容需要记忆,因此,考试之前的一周里,我按照自己的计划,每天上午背诵更为烦琐的医学知识,下午则背诵比较容易的化学知识,穿插交替地进行复习。虽然有些辛苦,但是我头脑还算清醒,效果也不错。考完第一门之后,我一边骑着自行车,奔赴另一个考场,一边在心里又默诵了一遍"元素化学"的知识要点。最终,我这两门课程都取得了好成绩,不仅没有耽误,反而为我增添了特别的备考体验。

本小节的最后,分享我整理的一份备考计划样例,供读者参考。

项目	自我反思内容	行动
考试信息	1.我将要参加哪几门课程的考试? 2.考试安排在什么时候、什么地点进行? 3.考试类型是开卷、半开卷,还是闭卷? 4.考试的形式是选择题、判断题、问答题还是证明题? 5.考试范围包括哪些章节,哪些重点、难点? 6.有什么参考资料?	上课听讲,询问授课教师、助教、往届师兄师姐等

大学怎么过

续表

项目	自我反思内容	行动
学习情况	1. 关于每门课程、每个章节，我平时学得怎么样？ 2. 关于每门课程、每个章节，我有多少复习时间？ 3. 我打算如何复习每门课程，以便更好地准备考试？ 4. 每门课程、每个章节、每项任务的优先级别是怎样的？ 5. 我打算如何阅读教材、讲义、课堂笔记等参考资料？ 6. 我打算如何做好作业题、书后题、模拟题或者真题？	绘制"思维导图"，整理"习题总结"
复习计划	1. 我计划每天复习多长时间，具体在什么时间、地点进行？ 2. 我倾向于依次复习每门课程，还是多门课程交替着复习？ 3. 我计划如何分配每门课程、每个章节、每项任务的时间？ 4. 我是否需要寻找学习伙伴，或者建立学习小组共同学习？ 5. 在复习过程中，我可能会受到哪些干扰，打算如何排除？ 6. 在复习过程中，我可能会遇到哪些挑战，打算如何应对？	制订复习计划，确定学习伙伴，给自己打预防针
反馈调整	1. 在过去一段时间内，我是否按照计划复习了？ 2. 按照现有的进度，我能否如期完成复习计划？ 3. 如果是，我有哪些做得好的地方值得借鉴并继续保持？ 4. 如果否，我遇到了什么困难，计划本身是否可行？ 5. 如果计划不可行，有哪些地方需要进行怎样的调整？ 6. 如果计划可行，我有哪些做得不够好的地方需要改善？	反馈并调整计划，鼓励做得好的部分，改善不够好的部分
效果评价	1. 考试中如果遇到作业题及其变形，能否做得又快又好？ 2. 考试中如果遇到书后题及其变形，能否做得又快又好？ 3. 考试中如果遇到模拟题及其变形，能否做得又快又好？ 4. 考试中如果遇到真题及其变形，能否做得又快又好？ 5. 能否根据自己的理解，预测一些可能会考的题目？ 6. 能否根据自己的理解，为同班其他同学答疑解惑？	确保复习任务有效，进入模拟练习环节

时间管理，科学规划

前面说到，大学学习，比学习方法更重要的是时间投入。下面我们就来谈谈大学阶段的"时间管理"。

"时间管理"是通过事先规划和运用一定的技巧、方法与工具，实现对时间的灵活及有效运用，从而实现既定目标的过程。

早在中小学阶段，我就做过"时间管理"。每年寒暑假的第一天，我都会雄心勃勃地在纸上写下"假期计划"四个大字，给自己规定每天早晨几点起床、几点到几点学哪一门课、晚上几点睡觉等，然后将这张计划表贴到墙上，督促自己要坚持。但遗憾的是，我的"假期计划"从来没有落实过，好像最长的一次，也只坚持了两三天就宣告失败了。很长时间，我一直为自己这种"言无信，行无果"的时间规划感到惭愧。

我真正开始做"时间管理"是在大一学年秋季学期。

大一学年，我担任班长，同时也是"紫荆信箱"项目组志愿者、系乒乓球队队员，在繁重的课程学习之余，还要组织班级活动，参加志愿服务和乒乓球队训练。这使我感到焦头烂额，一时难以适应，即使早起晚睡，还是"两眼一睁，忙到熄灯"，每天都很疲惫。

幸运的是，清华为大一年级的班长、团支书同学开设了一门名为"社会工作概论"的课程（简称"社工课"）。其中的一节，是由学生处的老师为我们讲解"时间管理"的方法，建议我们做计划。

尽管之前我制订的"计划"从未实现过，但在当时，我实在想不出其他能够平衡课程学习与社会工作的办法，就听从了老师的建议，懵懵懂懂地开始做"计划"。

那是2008年，智能手机尚未普及，也没有各种"时间管理"的软件。当时的清华，甚至还不允许大一新生使用笔记本电脑，宿舍楼内

大学怎么过

也没有无线网络。如有需要,我们只能到学校的机房去租用台式机。

因此,我的"时间管理"1.0版本,是在简单的A4纸上完成的。

每周日晚上,我都会拿出一张A4纸,用钢笔和格尺在上面画出一个11行8列的表格。其中,横向是从周一到周日,纵向则是每天的不同时间段:在六大节课的基础上,再加上每天早晨、中午、晚上的时间。另外,在表格下方留出一行做备忘。

时间	周一	周二	周三	周四	周五	周六	周日
晨间安排							
第一大节							
第二大节							
午间安排							
第三大节							
第四大节							
第五大节							
第六大节							
晚间安排							
今日备忘							

具体做计划的过程如下:

第一步,在计划表里填写本周课程安排。这一步最简单,根据课程表填写即可。我当时选修的课程不多,基础课包括一元微积分、几何与代数、无机化学、普通生物学,公共课有体育、思政、社工,外加一门任选课。

第二步,在计划表里填写自己的"固定动作"。"固定动作"可分为个人习惯和课外活动,个人习惯包括学英语、背单词、锻炼身体、与家人联系等。如果喜欢将计划做得细致,可以把洗澡、洗衣服、取快递等生活琐事也列入其中。以我当时的计划为例,"固定动作"包括：每天早晨学半小时英语，周一晚上参加班长例会，周二、周四的第五大节参加班级的集体长跑活动，周六的第六大节参加系乒乓球队训练，周日晚上和父母通话，等等。

时间	周一	周二	周三	周四	周五	周六	周日
晨间安排	学英语	学英语	学英语	学英语	学英语	学英语	学英语
第一大节	无机化学	普通生物学	几何与代数	一元微积分	几何与代数		
第二大节	一元微积分		思政课	无机化学	普通生物学		
午间安排							
第三大节		体育课					
第四大节							
第五大节		集体长跑		集体长跑			
第六大节			任选课		社工课	系队训练	
晚间安排	班长例会						和父母通话
今日备忘							

第三步，在"今日备忘"里填写本周的"时间节点"，并拆解成一个个具体任务，分别填入计划表的空白处。相比于前两步，这一步略有难度。以"周一交微积分作业"为例，先根据自身的经验，对这一事项进行拆解：课后复习3小时、写作业3小时，然后，分别安排在周一下午、晚上来完成。如果是比较烦琐的作业，比如，撰写一篇较长的论文，编写一个复杂的程序，和小组同学合作完成一次主题调研或者课堂展示等，就需要先拆解成若干具体任务，再预计每个任务所需要花费的时间，从而制订计划。至于如何拆解任务，我将在后文中进行说明。

大学怎么过

时间	周一	周二	周三	周四	周五	周六	周日
晨间安排	学英语	学英语	学英语	学英语	学英语	学英语	学英语
第一大节	无机化学	普通生物学	几何与代数	微积分	几何与代数		
第二大节	微积分		思政课	无机化学	普通生物学		
午间安排							
第三大节	复习微积分	体育课	复习代数学	化学作业	复习生物学		
第四大节	复习微积分		代数学作业		生物学作业		
第五大节	微积分作业	集体长跑	代数学作业	集体长跑	生物学作业		
第六大节	微积分作业		任选课		社工课	系队训练	
晚间安排	班长例会						和父母通话
今日备忘	微积分作业		代数学作业	化学作业	生物学作业		

第四步，总览计划表，看看还有哪些时间段空闲，然后根据自己的实际需要，进行个性化安排。这一步，在制订计划的整个过程中难度最大。一方面，我们要对自己的学习进度有较为全面的把握，判定自己需要在每门课程上投入多少时间；另一方面，我们也要关照自己的身心健康，学习与生活张弛有度，不能把计划表安排得太满。

以我自己为例，得益于高中阶段的化学竞赛基础，我学起无机化学来最为轻松，除了写作业，平时无需额外花时间复习。普通生物学难度也不大，每周写作业之前，花一个多小时看看教材即可。相比之下，两门数学课的学习则比较吃力。于是，我决定把平时的大部分空闲时间和周末的整块时间，都用于复习一元微积分和几何与代数，并列入计划当中。值得注意的是，除了周一晚上要参加班长例会，周日晚上要和父母通话之外，我把中午、晚上的时间都标记为"自由安排"。也就是说，每天中午十一点半至下午一点半，我可以和好朋友一起去食堂吃饭，可以在校园里散步，也可以在教室里小憩片刻；晚上九点至十点半，我也有足够的时间做自己想做的事情，如处理班级事务、读课外书、写日记等。如果当日计划没有完成，还可以利用这段时间来"查缺补漏"。

时间	周一	周二	周三	周四	周五	周六	周日
晨间安排	学英语	学英语	学英语	学英语	学英语	学英语	学英语
第一大节	无机化学	普通生物学	几何与代数	微积分	几何与代数	复习微积分	复习代数学
第二大节	微积分	复习微积分	思政课	无机化学	普通生物学	复习微积分	复习代数学
午间安排	自由安排	自由安排	自由安排	自由安排	自由安排	复习微积分	复习代数学
第三大节	复习微积分	体育课	复习代数学	化学作业	复习生物学	复习微积分	复习代数学
第四大节	复习微积分	复习微积分	代数学作业	复习代数学	生物学作业	复习微积分	复习代数学
第五大节	微积分作业	集体长跑	代数学作业	集体长跑	生物学作业	复习微积分	复习代数学
第六大节	微积分作业	复习微积分	任选课	复习代数学	社工课	系队训练	自由安排
晚间安排	班长例会	自由安排	自由安排	自由安排	自由安排	自由安排	和父母通话
今日备忘	微积分作业		代数作业	化学作业	生物作业		

第五步，换一种颜色笔，在原有计划表中每项任务的下方，如实记录执行情况，及时"复盘"，为制订下周计划提供调整依据。依据有三：一是本周计划全部轻松完成，可增加下周工作量；二是本

大学怎么过

周计划制定得恰到好处，就继续保持现状；三是执行本周计划有难度，超出了自己的实际能力，就在下周做些调整，适当减量。有了每天的"自由安排"时间，再加上及时的反思与调整，经过一段时间的探索与适应，我制定的计划基本上就都能够完成了。这使我对自己的"时间管理"能力有了信心，也愿意坚持做下去。

这样的计划表，伴我度过了两年半的时光。

大三学年春季学期，是我本科期间最忙的一段日子。我选修了30多学分的课程，包括两门数学课和九门专业课，学业压力很大。另外，我在接受了大半年的科研训练之后，终于有了自己的独立课题，需要有充分的时间在实验室工作。同时，我还分别担任校学生会副主席、系团委副书记、国旗仪仗队常务副队长。那是2011年，正值清华大学百年校庆，校学生会要参与组织各种庆祝活动；系团委要筹划安排暑期实践、系友访谈；国旗仪仗队要为田径运动会开幕式出旗，除了每周日下午的常规训练，每天傍晚还要额外加训，任务头绪繁多，使我应接不暇。

起初，我还沿用"时间管理"1.0版本安排一周事务，却发现它越来越不实用了。比如，我正在教室上自习，收到短信通知"校学生会主席团要临时开会"，一会儿又接到电话："系友访谈的文字稿错别字太多，需要重新校对"……"计划赶不上变化"，已然是一周常态，我每天加班加点，也只能完成一周计划的一小部分，且没过多久，我就感觉身心俱疲。

必须对"时间管理"1.0版本进行升级，否则不能保证一周时间安排绩效。我静下心来，思考应该如何"升级"自己的"时间管理"方法。

我上网查阅了有关"时间管理"的各种资料，很快发现一种可行的新方法——Getting Things Done（简称GTD），由美国时间管理大师戴维·艾伦（David Allen）开发——中文译名很干脆："搞定"。

于是，我将戴维·艾伦的时间管理核心思想与自己的实际生活相结合，改头换面，"搞定"了适合自己的"时间管理"2.0版本，主要包括四个步骤。

第一步，收集：清空大脑，将能够想到的所有需要做的事情都罗列出来，逐一放入"工作篮"。在这里，"工作篮"可以是文件袋等实物，也可以是用来做记录的活页或者电子版文档。

第二步，分类：将"工作篮"里的各种事情，依日常生活、课程学习、科研事务、社会工作顺序，分为四部分，再将各部分内容细分为"可以立即处理"与"不能立即处理"两大类。

	日常生活	课程学习	科研事务	社会工作
可以立即处理	去超市买水果 去文具店买键盘膜	网上提交课程A作业 上网查看课程B作业	打电话购买实验耗材 与师兄约定讨论时间	通知本周的团委例会 收集系友访谈材料
不能立即处理	宿舍电灯网上报修 晚上回宿舍洗衣服 给宿舍同学过生日 周末给父母打电话	完成课程B作业 撰写实验课预习报告 准备课程C小组展示 完成课程D文献综述	处理现有实验数据 设计下一步实验方案 与师兄讨论实验方案 向导师汇报课题进度	协调仪仗队加训时间 校对系友访谈材料 撰写团委工作新闻稿 撰写学生会工作小结

大学怎么过

第三步,拆解:将"不能立即处理"的每一件事情进一步细化,形成"任务清单"。这与"时间管理"1.0版本中的"拆解"任务相类似。

"任务清单"包括等待、跟进与他人合作的工作。比如,"协调国旗仪仗队加训时间",需要联系每位分队长,分别统计各分队成员的时间安排,再汇总、报告给队长。比如,"准备课程C小组展示",我是小组长,需要协调组内各位成员的时间,组织"头脑风暴"讨论会,进行合理分工并约定时间节点,然后督促每人按时完成自己负责的部分,再进行合并汇总、美化处理,最终形成完整的展示内容。

"任务清单"还包括需要自己独立完成的各项事务。比如,"完成课程D文献综述",需要先查阅资料、搜集信息、确定思路,再阅读文献,提炼每篇文献的核心思想与独特方法,然后撰写综述。比如,"策划学生会活动"和"撰写学生会工作小结",则需要反复思考、精雕细琢。

第四步,行动:选择自己"任务清单"上的事项来行动。不妨先完成"可以立即处理"的部分,清空大脑,解放内存,腾出足够的精力,以应对更难的任务。对于"不能立即处理"的部分,则尽量抓紧时间,快速推进。

我把"不能立即处理"清单里的任务又进一步做了分类。

第一类任务:难度较大,需要高度集中精力。包括复习课程、完成作业、实验操作。

第二类任务:难度中等,需要适当投入精力。比如,构思课堂展示的框架、设计下一步实验方案、学生组织开会时涉及自己的部分。

第三类任务：难度较小，在场、出勤即可。比如，参加国旗仪仗队训练、学生组织开会时不涉及自己相关工作的部分。

之后，我把第一类任务安排在自己的整块时间里，而第二、第三类任务则见缝插针、充分融合。比如，我一边参加国旗仪仗队训练，一边构思课堂展示的框架，或者利用开会的间隙设计下一步实验方案，从而节省出不少时间。当然，这种能力不是马上就能习得的，需要反复训练，才能做到"一心二用"。

"时间管理"2.0版本陪伴我度过了大三学年春季学期，又陪伴我度过了整个博士阶段。直到现在，这个版本仍然伴随着我的科研生活。前一天晚上睡觉前，或者当天早晨去实验室的路上，我总会提前规划课题进度、构思实验方案，甚至在脑海里预演一遍具体的实验步骤，这样一来，等到真正开始做实验的时候，时间管理的效能自然就产生出来了。

其实，不只是学习、科研，生活中的其他事情也可以使用类似的方法来进行管理，为日常生活带来便利。本科期间的一个夏天，北京天气很热，我跟室友结伴去体育馆游泳，去时一路说笑，到了体育馆才发现，不是我忘带这个，就是她忘拿了那个，只好再次往返，浪费了时间。这样的情况发生了几次后，我和室友想出了一个办法：在宿舍门上贴一张便笺纸，上面列出游泳需要携带的必需品，包括泳衣、泳帽、泳镜、拖鞋、毛巾、洗浴用品、学生证、深水证等，出门前，对照便笺检查随身物品，一切皆"搞定"！

大学怎么过

读博期间,我去德国访学,行前也在手机里写了一个"备忘录",把所有想到需要携带的各种物品随手记录下来,大到护照、邀请函等文件,小到记录本、中性笔、透明胶等文具。这样一来,等到开始收拾行囊的时候,我手里就有了一张"物品清单",每准备好一项,就划掉一项,节省了大量的时间和精力,又避免出现遗漏,使我得以顺利出行。

感谢"时间管理",让我逐渐学会合理规划自己的学习生活,抓紧时间、提高效率。

┃实事求是,循序渐进┃

在校园里担任咨询师,如何管理时间,是我提供最多的咨询主题之一。

做这类学业咨询时,我会拿出一张提前打印好的空白计划表,通过现场操作或者共享屏幕的方式,与来访同学一起,展开详细讨论,制订当周计划。咨询结束后,我又会主动发出邀请,建议他下周同一时间再来咨询。届时,我们将一起对计划的完成情况进行"复盘",然后做出适当的调整,从而更好地制订下周计划。

在和同学们的交流中,我发现,"时间管理"看似简单,实际上却包含了很多学问。我总结出其中最重要的五点注意事项,罗列在此,以飨读者。

一是要及时反馈、动态调整。

计划的关键在于落实。真正好的计划，不是看起来"神"，而是做起来"稳"。要想做起来"稳"，就要增进自我认知，基于现有的能力来制定计划，然后在实践中积累经验，不断进行调整和修正，使计划始终保持可操作性。

首先，要了解自己的学习习惯。有的同学喜欢早起学习，认为上午精神饱满、学习效率高；有的同学喜欢熬夜，感觉晚上不受干扰，可以更加专注。这些偏好并无优劣之分。经过细心观察，就能识别自己每天的"黄金时间"，并用于做最重要、最困难的事情。

以我自己为例，我属于"百灵鸟"的类型。本科期间，我发现自己每天上午学习效率最高，晚上次之，下午最低。因此，对我而言，"早起"就成为保证学习效率的关键因素。读博后，我又养成了每天上午做实验，下午处理数据，晚上看文献、写论文的习惯。博士后期间，我甚至经常在早晨五六点钟，天刚蒙蒙亮，就到实验室工作，午饭后回宿舍补觉，晚上再回到学校，继续工作。这等于是将我每天效率最高的"上午"和效率较高的"晚上"的时间人为地延长了，使我感觉精力充沛，干劲十足。当然，每个人的"黄金时间"并非一成不变。如果需要的话，也可以像"倒时差"一样，慢慢加以调整。

其次，要把握自己的学习进度。刚开始学习做计划的时候，同学们往往倾向于高估自己的能力，难以准确评估每项任务所需要的时间，导致自己制定的计划难以实现，从而产生挫败感。

对自己能力的评估需要经验，所谓"实践出真知"。比如，起初我只留出一节课的时间用于复习微积分,后来发现一节课很难将课程复习完,就在计划表上如实记录实际需要的时间,为下周制订计划提供参考。再如,我原本计划用周六、周日两整天复习数学,实际执行后感觉这样复习强度太大,身体吃不消,就将周末的晚间时段调整为参加体育锻炼,或休闲娱乐,劳逸结合。还有,我经过一段时间的观察,发现刚上完课,当天复习的效率最高,就以此为原则,制定计划,尽量做到今日事、今日毕。

另外,留出"自由安排"时间。以我自己为例。我的计划很少可丁可卯,难度系数多为"跳一跳就够得着",稍加努力就可实现。清华的教学楼通常晚上十点半关门,我就把第六大节九点左右下课之后的一个半小时作为"自由安排"时间,用于"查缺补漏"。感觉状态好,就多学一会儿;感觉状态差、没兴趣,就少学一会儿。这样,既完成了一日学习计划,又不会过分紧张、徒增负担。国旗仪仗队加训期间,我发现自己经常体力不支,就决定增加运动量,每天傍晚去操场上跑步。起初,我计划每天跑个5公里,跑了几次,就觉得腰酸腿疼,难以坚持。于是,我就调整为每周跑3次,每次跑3公里即可,再根据实际情况加量或减量,这样既强化了体能,又不会过分劳累。

二是要排除干扰,合理取舍。

俗话说,"计划赶不上变化"。有的同学在执行计划的过程中发现,"我有我的计划,世界另有计划",安排好的时间会被各种意料之外的事情挤占。关于这个问题,我的观点是:必须承认,再完美的计划也会受客观因素影响而发生改变。我们既要为计划的执行留出足够的弹性时间，随机应变，避免"一步赶不上、步步赶不上"，影响后续计划的执行；同时，也需要尊重自己内心的声音，面对不想做的事情，有礼貌地拒绝。

大学里有各种各样的课程，还有名目繁多的社团活动和主题讲座，但是人的精力是有限的，不可能都选修、都参加，这就涉及"取舍"。

比如，你已经报了两个社团，突然有同学跑过来，对你说："我还参加了某某社团，今晚有个特棒的活动，你也一起来吧！"那么，你要不要跟着去呢？

又如，你正在教室里上自习，突然听到隔壁传来一阵欢声笑语。你好奇地走过去一看，原来是某著名学者在做讲座，现场气氛热烈。那么，你要不要放下手里的课本呢？

这就需要加以识别，判断到底哪些事情是你真心想做的，哪些事情不是。其中的困难在于，并非所有的"干扰项"都是以"垃圾"的形式呈现的。很多时候，呈现在你面前的"干扰项"，并非一盒长毛的草莓，或者两块发霉的蛋糕，而是包装精美的礼盒。大学阶段，这样的诱惑有很多，需要保持头脑清醒，合理取舍。

还有一种"干扰"也很常见，涉及人际交往的"边界"。

> 我曾经和一个外号叫"热心肠"的同学探讨他的困扰。
>
> 大一学年秋季学期的一天，"热心肠"正在上自习，

大学怎么过

突然接到高中同学的电话,说自己的父亲最近生病了,要来北医三院做手术,想请他帮忙,在医院附近订个酒店。

"热心肠"说:"其实,我也刚来北京没多久,对学校附近都还不太熟悉呢,更别说是北医三院了。但是,我转念一想,觉得还是应该助人为乐,就答应下来。于是,我先上网查了一下到北医三院的路怎么走、附近有哪些酒店,然后就骑着车子,一家一家地看。"

我有些诧异,说:"现在好像可以直接在网上预订酒店吧?"

"热心肠"说:"对,我也是这么跟我同学建议的。但是,他说他在网上查了几家,评价都有好有坏、良莠不齐,而他爸爸生病了,需要安静、舒适的环境,所以想让我去实地考察一下。"

我说:"哎呀,那可真是辛苦了,光骑车过去就需要挺长时间吧?"

"热心肠"说:"是呀,我回学校都快晚上十点了。其实,辛苦倒还是其次,关键是这件事情让我心里特别不舒服。回来的路上,我一边骑车,一边反思,自己是不是太懦弱了,不会拒绝别人?"

我就引导他思考:"那我们来假设一下,如果你同学不是让你帮忙订酒店,而是对你说,'我们家现在经济比较困难,你帮我们把住宿费付了吧!'你觉得怎么样?"

"热心肠"说:"那我肯定做不到呀,我还是伸手阶级呢，没有那么多钱。"

我说："假设这件事情真的发生了，你打算怎么说呀？"

"热心肠"说："我会直接告诉他不行，父母每个月给我的生活费有限，我没有那么多钱。"

我继续引导他思考："那我们再来假设一下，如果你同学不是让你帮忙订酒店，而是对你说，'我爸爸做完手术需要陪护，你到医院来照顾他吧！'你又会怎么说呀？"

"热心肠"说："这更不可能了！我会拒绝他说，'我还要上课呢，没有那么多时间！'"

我说："当你这么说了之后，假设他很生气地说，'你还算什么好哥们儿啊，真不够朋友，我不理你了！'你又会说些什么呀？"

"热心肠"说："他生气？我可能比他还生气！我会说'不理就不理，是朋友也不能提出这么过分的要求呀！'"

当我们谈到这里的时候，事情的"真相"就浮出了水面。

我帮他分析道："你发现了吗？当对方让你做一件真正超出你能力范围之外的事情时，你是能够果断拒绝的。所以，你其实并不是不会拒绝，而是对你而言，'拒绝朋友'的'基线'比较高，有些对别人而言可做可不做的事情，你可能就善良地去做了。'善良'当然不是缺点，恰恰相反，这是你身上非常宝贵的地方。但是，在善良的同时，

大学怎么过

你也可以适当做出一些改变。比如,当你感觉帮助别人有困难的时候,不妨适当调整自己的'基线',让自己心里更舒服、更愉快。"

三是要科学看待"效率"。

有的同学说,自己在学习的过程中,遇到的最大困惑就是效率出现波动,导致原本制订的计划无法按期完成。

他们这样描述自己的状态:"写作业遇到难题,怎么想也想不明白,就停下来玩手机,先跟好友聊聊天、刷刷新闻,看看自己关注的微信公众号有没有更新。然后,再一看表,发现一个小时过去了。这使我觉得惭愧,对自己很不满意,沉浸在这种情绪里不能自拔,更加无心学习。于是,我又开始看综艺视频或者网络小说,一上午就这么过去了。"

我非常理解他们焦虑不安的心情,也从中看到同学们想要做得更好的愿望。

关于这个问题,我的观点如下:

一方面,我们可以尝试一些办法,提高学习效率。

感觉事情枯燥、任务重、难度大的时候,我们的第一反应往往就是"回避",转身去做点其他的事情,放松一下。这很正常,无需改变,也很难颠覆。但是,为了提高学习效率,我们可以适当调整自己放松的方式。

比如,为了限制自己玩手机的时长,不妨把手机变得"不好玩"。读博期间,我发现自己经常在学习间隙玩手机,而且玩得停不下来，就卸载了手机里大多数软件，只保留个别必要的应用程序，关注的微信公众号也寥寥，使我的手机变得非常"无趣"。这样一来，我即使不想学习，拿起手机，也只能浏览新闻或者朋友圈，不会花费太多时间。

比如，为了节省时间，可以选择耗时较短的视听形式，如用短篇作品代替网络小说，用听音乐代替看综艺视频。一般情况下，看一篇短文、听一首音乐，仅仅需要几分钟，既能够起到放松的效果，又不会花费很长时间。本科期间，我去教学楼上自习的时候，总是在书包里放一本短篇小说集，当感觉疲惫或者不想学习时，就拿出来看两眼，小憩之后，再重新投入紧张的学习当中。

又如，为了在"放松"之后，尽快进入"学习"状态，还可以在"放松"与"学习"之间搭建一个起到"缓冲"作用的"台阶"。让一个习惯喝可乐的人直接戒掉可乐，改喝白开水并不容易。但是，如果先将"可乐"换成"无糖可乐"，再代之以"苏打水"，最后变为白开水，这样循序渐进的改变，难度就会小一些。所以，当我们放松完毕，打算开始学习之后，不妨先翻翻教材，找找思路，找到感觉之后，再去"死磕"之前做不出来的习题。

另一方面，我们也要看到，学习效率不够高，并不一定意味着无法完成计划。

有的同学说，我在学习效率不高的时候，就不学习了，先去干点别的事情调整一下。

这当然是一种不错的选择。如果确实是感觉身体疲惫，学习效率降低，就要及时休息，放松身心，养精蓄锐。如果是因任务种类繁多复杂，导致学习效率降低，则不妨用"做备忘"的方法，释放大脑内存。我习惯在手边放一张白纸，在学习的间隙，随手记下自己做实验、写论文、策划学生活动的"创意"，或者临时想到的各种待办事项。这样，既不会浪费灵感，又避免使学习中断，耽误正常的进度。

但是，更普遍存在的一种情况是，同学们出于种种原因而感觉心浮气躁、难以集中注意力，导致学习效率降低。这时候，如果顺应心意，停止学习，转而休闲、娱乐，同学们又会发现，等自己休闲、娱乐完毕，重新坐下来打算学习的时候，仍然无法进入状态，学习效率并没有得到实际的改善。

针对这种情况，我的建议是：可以尝试在效率不高的时候，也尽量坐下来学习，从最简单的科目开始（比如对照教材准备实验课的预习报告），或者从最基础的任务做起（比如在电脑里新建一个名为"作业"的电子文档）。甚至，还可以"一心二用"，一边学习，一边听些节奏舒缓、令人放松的音乐。这样，即使效率不高，也能做一点事情，并从中慢慢找到感觉，恢复正常的学习状态。

值得一提的是，在学习过程中，效率出现波动是正常的。因此，制定计划的时候，不妨将这部分的"自然损失"也考虑进去，多留一些弹性时间，找到适合自己的节奏。

四是要积极应对"拖延"。

有的同学，深为"拖延"所困扰，经常要等到任务的截止时间迫近，才不情不愿地开始做，虽然最终紧赶慢赶地完成了任务，质量却不尽如人意。

"解铃还须系铃人。"要想克服拖延,首先,我们要思考的是,有哪些原因可能导致出现拖延行为?

《拖延心理学》一书里谈到,导致拖延行为出现的因素有四个:一是对成功所需的能力缺乏自信;二是对要去完成某个任务有反感心理,认定做事的过程会遭遇很多困难,结局也会很惨;三是目标和回报太遥远,感觉不到有什么意义;四是无法自我约束,容易冲动和分心。①

"趋利避害"是人类的本能。面对不想做的事情,很多同学就会下意识地选择拖延。有时候,拖延带来的结果也确实符合他们的心愿,拖着拖着,就把事情拖没了。这种情况不需要干预,只是,如果及早识别自己"不想做"的事情"其实可以不做",就能够尽快将任务推掉,从而节省心理能量,不必因为拖延而感到内疚。

遗憾的是,除此之外的大多数被"拖延"的任务,是那些"不想做"又"不得不做"的事情,这往往会给同学们带来困扰,需要进行干预。

我认为,拖延行为出现的条件是:做事情的难度大于做事情的动力。因此,克服"拖延"的基本思路有两个:一是降低做事情的难度,二是提升做事情的动力。

先说如何降低做事情的难度。

解决方案1:寻求他人的支持与帮助。本科期间,我曾利用暑

---

① [美]简·博克、[美]莱诺拉·袁:《拖延心理学》,蒋永强、陆正芳,北京,中国人民大学出版社,2009年。

假，和系里的几位同学一起去西部的贫困山区支教，我担任支队长。秋季学期开学之后，学校要求每个支队提交一份支教总结材料，参加社会实践评奖评优。我和几个骨干同学商量之后，决定总结材料由我主笔，每写完一部分，就发给大家修改。但是，刚写了个开头，我就写不下去了，陷入了严重的拖延。同学们催了我几次，我仍然迟迟不能继续。眼看着截稿时间临近，我心里也非常焦虑。我经过仔细分析，认为导致自己写不下去的原因，主要是过分看重框架的巧妙构思和逻辑的环环相扣，而这些，却是当时的我所不擅长的。于是，我组织了一次全支队的集体讨论，来一场"头脑风暴"，集思广益。在大家的共同努力下，我们按时完成了总结材料。进入答辩环节，团队又分工合作，动画设计、文字美工、演讲稿撰写……各负其责。最终，我们圆满完成了答辩，获得了暑期社会实践金奖。

解决方案2：细化和拆解任务。本科期间，我选修了不少文化素质课，动辄需要撰写上千字的论文。对此，我总是拖延，不到交作业的最后一刻，绝不动笔。终于有一次，我在赶任务的时候，突然感冒发烧，实在顾不及了，只好将论文匆匆写完，敷衍了事。这使我看到拖延可能会导致的风险，就下决心做一些微调。我想，自己到底为什么会拖延呢？最有可能的原因就是追求完美，希望写出一篇"十分"满意的课程论文。这份期待如同一副重担压在我的心头，使我难以行动。因此，下一次开始写论文之前，我先拿出一张A4纸打"草稿"：我心目中理想的课程论文应该是什么样？会包括哪些内容、哪些观点？我可以通过哪些方式，查阅哪些资料？可能会有怎样的创意，使我的"作品"与众不同、脱颖而出？打好了

"草稿",就比较容易上手了。而将困难的"大任务"拆解成一个个相对容易的"小任务",就能够让自己多一些成功的体验,少一些"拖延"的烦恼。

解决方案3:从最简单做起。读博期间,我撰写了多篇研究论文。研究论文的发表流程,一般包括:作者将写好的论文初稿投给学术期刊,由期刊编辑进行初筛,之后将论文发送给本研究领域的专家、同行做评审,收集审稿意见之后,再发给作者,由作者一条一条地进行回复。我曾经多次因不知如何回复审稿意见而感到困扰。尤其收到"措辞"不太友好的审稿意见时,我就会格外拖延。通常情况下,期刊编辑会给作者几周的时间来修改论文,所以,回复审稿意见是有时间限制的。我知道,自己也不可能一直拖下去,就想方设法地对抗"拖延"。审稿意见大概分为两种,一种是"建议(Suggestion)":比如,要求作者补实验、增加参考文献,或者修改某些表述方式等,相对比较容易;另一种是"质疑(Comment)",比如,不同意论文中的部分观点或者论据,甚至不认可论文整体的创新性、重要性等,这就属于我刚才所说的"不太友好"的审稿意见。我想,自己之所以"拖延",主要是因为担心回复审稿意见的过程中出现谬误,导致论文被拒稿。但是,谬误不可能在第一次下笔时,就彻底避免,论文都是越改越好的。于是,我决定从最简单做起。在收到审稿意见之后,先概览全文,在电脑文件夹里新建一个文档,将全部审稿意见复制粘贴,先回复其中最简单、最"友好"的一条,然后,再按照从易到难的次序,依次进行回复。如果回复了一部分之后,发现剩下的都比较难,我就去休息,养精蓄锐。第

大学怎么过

二天再"开工",在剩余的回复项中,又"从最简单开始"。最艰难的时候,我甚至每天只能回复一条审稿意见。但是,即使这样"日拱一卒",只要假以时日,任务仍能如期完成。

再说如何提升做事情的动力。

窍门1:设置自我奖惩措施。奖惩方法有多种,关键在于适合自己。比如,我是个铁杆影迷,完成了既定任务,就奖励自己在"自由安排"的时间段内看一场喜欢的电影。又如,我喜欢吃甜品,就设定任务没完成,不许吃冰淇淋。这种奖惩措施施行简单,成本低,效率高。不过,尽管"奖惩并用",我还是尽量避免设置与任务本身直接相关的"惩罚"措施。比如,"如果今天背不完20个单词,就罚明天背40个",或者"如果今天没跑满5公里,就罚明天跑10公里"。这样的"惩罚"有可能会消解学习兴趣,反而降低做事情的动力。如此一来,造成恶性循环,就得不偿失了。

窍门2:邀请同伴、师长来监督。本科期间,我和姐姐约好每天六点半起床,在宿舍楼下集合,一起去教学楼上自习,并且规定,迟到者要请对方喝一袋"清华酸奶"。博士期间,我和几个好朋友建了一个"抗拖延小组"微信群,每天在群里分享自己的"任务清单",互相监督。不能按时完成任务者,要接受大家的"鄙视",请大家喝奶茶,在群里发红包,等等。从某种意义上来说,这也是"惩罚"的一种形式。对于研究生而言,如果你发现自己在推动课题的过程中总是拖延,与其对自己不满、跟自己较劲,不如向导师求助,请他多多"鼓励"甚至"鞭策"你——相信我,对这个,导师很乐意。事实证明,与自我奖惩相比,来自外界的监督,常会起到更好的效果。

窍门3：用时间轴来监控自己的任务进度。对于大多数同学而言，"重要而不紧急"的事情是最容易被拖延的。比如，本科生学习英语（不是为了应对马上到来的考试）、研究生阅读文献（并非直接用于指导实验）、减脂、增肌，等等。这时候，不妨以"时间"为横坐标，以"进度"为纵坐标，绘制一份"甘特图（Gantt Chart）"，既能够看到未来在哪里，明确长远目标，激发自己对实现目标的期待；又可以看到目前在哪里，掌握当下进度，在顺利的时候，强化自我效能感，在拖延的时候，制造适当的焦虑，从而督促自己行动。

值得一提的是，如果尝试了各种方法，还是感觉自己不在状态，持续"拖延"，那么，有理由相信，有可能是真的累坏了，先休息吧。在学业咨询中，我发现，有的同学一听说要"休息"，就浮想联翩："我会不会从此倦怠了，萎靡不振了？"其实，大可不必如此担忧。这一周可能感觉特别不好，什么也不想干，没关系，周末出去散散心，回来再好好睡一觉，下周多半就恢复正常了。

到此，特别强调，不要因为拖延而产生"次生压力"。尽管"过去的时光不再有"，但是，现在开始永远不晚，只要聚焦当下并且行动起来，就能及时止损。

五是要量力而行，避免用力过猛。

在学业咨询中，当我带着来访同学做好当周计划之后，他们往往会表现得很兴奋，摩拳擦掌地说："我回去之后，一定要完成计划！我就是熬夜不睡觉也要干完！"

每每这时，我都赶紧说："打住、打住，咱们还是可持续发展吧！你'打鸡血'一般地学习，每天只睡四个小时，可能不到50岁就挂了。这和你健康生活，等到90岁的时候，还能每天出门晒太阳，哪个是Loser（失败者），哪个是Winner（成功者）呢？"

玩笑归玩笑。我还是郑重提醒同学们：身体是革命的本钱。清华鼓励大家"为祖国健康工作50年"。学习时间的投入固然重要，但不能竭泽而渔、焚林而猎。

只有保持身心健康，才能可持续发展，从而更好地实现自己的人生价值。我也是做了很久的"时间管理"之后，才逐渐理解了"可持续发展"的意义。

大学前三年，我一直非常忙碌，每天除了上课，就是自习、科研、社工，连体育运动都以"任务"的方式完成，像是被拧紧了的发条，一刻也不停歇。那时候，我并没有多想，只是觉得学习很扎实，生活很充实，心里很踏实，也对自己的自律和持续的进步感到满意。

大四学年春季学期，我的课程学分修满了，校学生会副主席、系团委副书记、国旗仪仗队的工作也都卸任了。于是，我每天的生活变得十分简单，除了到实验室做毕业设计，就是参加校乒乓球队的训练。

按理说，"无事一身轻"的我，应该在科研上投入更多的时间。可实际上，我的学习状态却并不好：每天草草地做完实验，就早早地回到宿舍，坐在电脑前看视频、打游戏。

其实，我平时并不喜欢看视频，对电脑游戏也没有太多兴趣。

何况，我当时看的都是小时候看过无数次的、老掉牙的电视剧。不夸张地说，那些情节与台词，我早都倒背如流了。然而，我还是沉浸其中，难以自拔。至于打游戏，我当时玩的，都是电脑系统自带的"扫雷""空当接龙"之类的单机游戏。我自从小学毕业，就再没正眼看过它们，可现在却玩得不亦乐乎，根本停不下来。

好在当时并没有什么学业压力，我就这样莫名其妙地玩了两个多月。有一天，同班一位女生到宿舍来找我聊天，看见我正在聚精会神地打游戏，一脸震惊地对我说："你怎么还玩这么无聊的游戏？"

我从电脑前抬起头，有些尴尬地笑了笑，不知道该怎么回答，就搪塞了过去。

但是，她当时强烈的反应却触动了我。我开始思考，对我而言，"看视频"和"打游戏"到底意味着什么？

首先，这是能让我身心放松的一种方式。我为什么只看那些已经滚瓜烂熟的电视剧呢？因为我对其中的内容极为熟悉，完全不需要动脑思考，只是闲闲地倚在那儿，有一搭没一搭，一集接着一集地看下去。表面上，是白白浪费时间；实际上，却是在养精蓄锐。当我对着电脑的时候，屏幕占据了我的全部视线，将我与大千世界隔离开来，使我得以独处一隅，享受难得的闲暇与悠然。

其次，这种放松身心的方式使我有掌控感、成就感。回想那段时间，我正在做毕业设计，课题进展并不顺利，实验总是出现各种问题。另外，我刚进校乒乓球队没多久，技战术明显落后于队里其他同学，体能也跟不上，每次训练都筋疲力尽，每次比赛都备受打

大学怎么过

击。相比之下，在电脑游戏的虚拟世界里，情况就完全不一样了。我可以在"空当接龙"里一盘接着一盘地通关，也可以把"扫雷"高级版从210秒玩到80秒。这种强烈的掌控感、成就感，抚慰了我在现实生活中因为实验挫败、比赛失利而变得沮丧的心灵。打完游戏的第二天，当我再次回到实验室、回到训练场的时候，就能够打起精神，投入到新的"战斗"中去。

想到这里，我才蓦然发现，是大学前三年超负荷的学习使我倦怠了。"奋斗的青春"固然美好，但是，在这"奋斗"的过程中，我却有些透支了。

古语有言："张而不弛，文武弗能也；弛而不张，文武弗为也；一张一弛，文武之道也。"意识到这个问题之后，我就尝试着说服自己，放下心理负担，任由自己在这半年里充分休息和娱乐，并在研究生阶段的学习生活中多加注意，尝试使用各种方法进行调整。

我会每天留出一点时间，专门用来做自己喜欢的事情，散步、逛街、看电影、读小说、跟好友聊天……我还用卡纸做了一个骰子，在6个面分别写上自己想做的一件事，每天掷骰子决定，选择哪一种来放松身心，既劳逸结合、张弛有度，又不会花费太长时间。

我会在平淡的日常生活里增加一点小小的乐趣。比如，在课本上画个鬼脸，在书桌上放个摆件，在电脑外壳上贴个卡通画，或者使用同款不同色的笔记本，等等。这在旁人看起来，可能觉得没有什么特别之处，但我却乐在其中。

我还留心记录了自己的学习状态和情绪波动。如果连续一段时间都感觉不好，就彻底放松一天，或者闭关读书，或者外出游玩，甚至"宅"在宿舍看视频、打游戏。等到休养生息之后，再慢慢地恢复学习状态，尽最大可能地呵护自己的身心健康。

在本章的最后，我想补充说明，如果把学习过程看成化学反应，用物理化学领域的术语来描述，"学习方法"和"时间管理"都属于"动力学"调控的范畴，只能改变学习过程的速率，而不能使"热力学"上不可行的过程变为可行。换句话说，只有在学习过程当中，"学习方法"与"时间管理"才可能发挥作用。因此，只有实事求是，承认当下的局限并接纳现状，才能循序渐进，以"量变"促"质变"，最终找到真正适合自己的学习方法和节奏，圆满完成大学阶段的学习。

Chapter 2

第二章

我的大学
我做主

做加法，多尝试
沐朝露，伴夕阳
无体育，不清华
做减法，双肩挑

大学怎么过

2011年,我曾在清华大学本科生特等奖学金答辩会上,与同学们分享自己丰富多彩的大学生活。在学期间,我担任过班长、系团委副书记、校学生会副主席,是校国旗仪仗队、乒乓球队、化学系排球队、田径队队员,是"好读书"协会、"马拉松"协会成员,是"紫荆信箱""答疑坊"志愿者,是"思源计划""导师团计划""学堂计划"学员,参加过新生演讲比赛、亚洲科学夏令营,还参加了多次文艺活动、社会实践……

这些经历,绝不是简历上轻描淡写的一笔。这些经历,占据了我绝大多数的课余时间,让我的校园生活忙碌而充实。这些经历,为我带来收获与成长,更启迪我思考,拨开层层迷雾,从而看到真正的自己。

┃做加法,多尝试┃

刚上大学时,我一度感到非常迷茫。

从校史教育中我得知,参加"一二·九运动"的前辈是怎样在民族危亡、山河破碎的时代发出呐喊与呼号,"两弹一星"元勋又是怎样在祖国需要的时候舍我其谁，勇担重任，投身于建设祖国的伟大事业中来。"五年回国路，十年两弹成"的钱学森，隐姓埋名、以身许国的王淦昌、邓稼先……这些耳熟能详的名字，深深地打动了我，成为我的人生楷模。

新生成才报告上，老师告诉我们，清华校训是"自强不息，厚德载物"，校风是"行胜于言"，选择了清华，就是选择了一生的责任。老师还语重心长地说："清华的历史由你们的学长撰写，从现在开始，你们即将参与其中了！"

我为此振奋，却也感到困惑。"科技报国"固然是我的理想，但在当时，这个理想距离我的现实生活太过遥远。作为化学系的学生，我的化学知识其实仅限于课本内容，对学科前沿知之甚少。我几乎没有动手做过化学实验，也不知道自己对化学的哪个分支学科更感兴趣，更无法预知自己在化学领域会有怎样的发展。

这时候，系主任老师的一句话点醒了我。他说，预知未来的最好方法是把握现在。

于是，我决定摸着石头过河，在好好上课、努力学习之余，多加尝试，发现自己的兴趣和特长之所在，期待尽快找到一条适合自己的成长路径。

本科期间，我利用课余时间，主要做了以下尝试。

一是志愿服务。

新生入学后不久，我就报名参加了"紫荆志愿者服务总队"，进入"紫荆信箱"项目组当志愿者。"紫荆志愿者服务总队"是清华

大学怎么过

的学生志愿者团队,以"自我实践、服务他人;自我教育、推动社会"为宗旨,坚持立足校园、辐射社区、面向社会的原则,开展多种多样、丰富多彩的大学生志愿服务活动。"紫荆信箱"是"紫荆志愿者服务总队"旗下的一个交流平台,接收广大中学生的来信,根据来信内容,匹配合适的大学生志愿者进行回复。

当时网络媒体还不发达,我们收到的来信大多手写而成,略显稚嫩的笔迹背后,是少年的壮志与梦想。有的同学来信询问考上清华的哥哥姐姐有哪些好的学习方法;有的同学用大大的惊叹号表决心要努力拼搏;也有的同学倾诉自己在生活中的种种烦恼……这些充满真情实感的文字,使我情不自禁地怀念起自己的中学时代。虽然当时辛苦,但过后想想,收获更多的是美好。因此,起初我在回信的时候,字里行间总带着几分温情,仿佛在与曾经的自己隔空对话。后来,收到的信多了,回的信多了,我又觉得有些倦怠,经常对着信纸发呆,难于提笔成文。

我不愿意敷衍了事,就向"紫荆信箱"项目组负责分配来信的同学请假告休,静下心来,仔细分析我出现倦怠的原因。

我发现,这种倦怠似乎来自隔岸观火的"无力感"。有些同学在来信中询问"学习效率不高怎么办""如何提高英语成绩",我就想当然地认为,他们在向我寻求解决问题的方法。于是,我绞尽脑汁,出谋划策,并试图总结与分享自己改善学习效率的策略和提高英语成绩的方法。这些策略和方法,乍一看都很有道理,但我担心这样的"老生常谈"作用寥寥。来信往往只有短短的几百字,也无法帮助我了解对方的具体情况,从而把握其中的关键问题,给出有效的建议。如果要设想出几种可能性，必先做理论分析，再针对每种情况"对症下药"，这有一定的难度，超出了我当时的能力范围。

从这一点来看，"志愿服务"本身固然能给我带来"予人玫瑰、手有余香"的快乐，但我并不确定对方是否需要我的"玫瑰"，以及我给对方带去的，到底是"美好"的视觉享受，还是"扎手"的不舒适感。

过了一段时间，我和同为"紫荆信箱"志愿者的好朋友交流了自己的观点，询问了她的想法。好朋友说："我跟你不太一样。我觉得小同学需要的不是建议，而是来自清华的哥哥姐姐的陪伴和见证，你看到他们有怎样的梦想，他们是如何为梦想而付出努力的，这对他们来说，本身就是一种鼓励。所以，只要聊聊天就可以了，当个'笔友'也不错嘛。"

我认为好朋友说得有道理，就按照她的建议，转变了回信的思路。

然而过了一段时间，情况却并未得到改善，我依然感觉不好。究其原因，当时的我，"理性"思维明显占据主导位置，对客观世界的"一般规律"与"科学道理"的兴趣，远远超过了对人类的"喜怒哀乐"与"爱恨情仇"的兴趣。当我在回信中写下"我认为这个问题是什么原因导致的，应该如何解决"的时候，笔锋是顺畅的，思维是活跃的，心情是舒适的。而当我试图用"我懂得你的烦恼，理解你的感受"来表达"共情"的时候，却感觉仿佛隔靴搔痒，语言苍白无力，文字也显得生硬。很久之后，我才知道，这其实是我在"感性"思维方面的缺失。而如何发展自己的"感性"思维，平

大学怎么过

衡"理性"与"感性"两者之间的关系,是我成长道路上非常重要的议题,只是当时的我并未意识到这一点。

后来,"紫荆信箱"项目组招募到更多的志愿者,我就申请退出了"紫荆信箱",转而参加高等数学"答疑坊",为低年级本科生解答数学学习过程中遇到的疑惑,进一步发展自己的"理性"思维。

二是社会实践。

大一学年春季学期,我入选了"思源八期"。这是清华大学面向本科生开设的一项培养计划,每年招募两名辅导员和来自全校同一年级、不同院系的36名同学,在清华校友的资助和学校老师的支持下,接受为期三年的全过程、资源匹配式培养,主要包括日常交流和每年暑假的社会实践。从大一到大三,实践的主题分别是"培养本土情怀""感受中国力量"和"开拓全球视野",从而形成"饮水思源,服务社会"的意识。

大一暑假,我们去了湘西。湘西土家族苗族自治州,是湖南省的14个地级行政区之一。我们从北京出发,坐了24个小时的火车硬座,抵达湘西首府吉首,又从吉首坐了大半天的汽车,到达保靖县。我们在当地一所高中开展了为期五天的支教活动,课程内容涵盖数学、语文、英语、文理科综合等,还与学生们深入交流、分享经验。之后,我们又分组进行了为期六天的社会调研,包括当地农民的职业教育、增产增收、医疗体系、林权改革等多个课题,引人深思。

大二暑假,我们去了唐山。全班分为工业、农业、文化三个小组,在当地分别开展了"资源型城市的转型之路""城乡等值化的终极追求"和"城市灵魂的提炼与塑造"主题调研。在与唐山市委宣传部和文广新局的同志座谈时,我了解到国家在增强文化"软实力"建设过程中面临的种种挑战,也感受到生机勃发的强国力量。参观"地震墙",与在公园里晨练的市民交流时,我了解到1976年的唐山大地震给人们带来的不仅是灾难,也有全新的价值观。这种"绝处逢生"的坚韧震撼了我的心灵。

大三暑假,"思源八期"社会实践的最后一站,我们去了香港。大家一起参观了历史博物馆、廉政公署、高等法院,在香港理工大学做访谈,在彼得·德鲁克学院听讲座,也在濛濛细雨中游览了维多利亚港,从太平山上俯瞰林立的高楼大厦……我们一起走过很远的路,谈过很多的话,也有过很深的思考。离开香港前一晚,全班同学坐在一起,分享自己在这三次社会实践中的所见所闻、所思所想,彼此敞开心扉,畅谈至深夜。

记得在湘西的漫漫旅途中,车子在崎岖的山路上行驶,窗外是险峻的悬崖峭壁,窗内是我们的笑语欢歌。我们仿佛"生死相依",从中体会到的,不是恐惧,而是幸福。有一次上山调研,结束得太晚了,赶不上公交车,我和几个同学搭乘一辆四处漏风的小卡车下山,一路风驰电掣,也一路剧烈颠簸。我们紧抓扶手,仍是东倒西歪,浑身散架一般,却始终兴致勃勃,时不时相视而笑……

我也记得在遵化市沙石峪村访谈,听到沙石峪村第一任党支部书记张贵顺的故事,他带领广大村民艰苦奋斗,"万里千担一亩田,青石板上创高产",在"土如珍珠水如油,满山遍野大石头;野菜枣

大学怎么过

糠填肚皮,数九寒天没棉衣"的山区创造了奇迹,"现代愚公精神"在全国产生深远影响。那时候我就在想,国家之所以能够持续发展,社会之所以能够稳定运行,就是因为有很多人坚守在平凡的岗位上,默默无闻,兢兢业业,为人民遮风挡雨,无私奉献。

从香港回来之后,我发现,自己跟从前不一样了。我深深体会到,读万卷书不可缺少,行万里路也大有裨益,它使阅历不足、经验匮乏和思想浅薄的我从中得到升华。我开始关注周围的人和事,主动与长辈、老师交谈,询问他们看待大事小情的观点,并从中获得启迪,展开更深层次的思考。久而久之,我过往的经历、原有的经验逐渐淡出我的记忆,最终让位于探求新知。

三是社会工作。

新生军训结束后没多久,我就被同学们推选为班长。第一次班会,我组织大家探讨班集体建设的若干事宜。同学们一致决定,首先要搞好学习,利用宝贵的青春时光,打下扎实的专业基础,把"集体自习"作为班级的日常活动,建设一个学术氛围浓厚的大家庭,之后,同学们相约一起去上自习,遇到不懂的问题,及时讨论、及时解决。我比较擅长数学,就负责同学们的微积分、几何与代数答疑。相比之下,我学物理不太顺利,就经常找班里的一位男生答疑,他热心地为我讲解,思路清晰,使我豁然开朗。学习专业课时,我们组织了几场"你问我答"活动,请来授课教师、助教和学得比较好的同学帮助大家答疑解惑。后来进了课题组,我们就定期组织学术交流活动,每次由一名同学分享自己最近的实验进展和科研心得，大家热烈讨论，各抒己见，为其课题"献计献策"。大四学年秋季学期，班里同学面临未来出路的选择，我们又组织了"保研政策宣讲"和"出国申请交流"等活动，请来系里的老师、辅导员和高年级学长，分享信息、传授经验。

这不是个体带着梦想与现实进行的孤军奋战，而是集体见贤思齐、相互影响的共同成长。在大家团结一致的努力下，我们班从大一到大四，无一人掉队，本科毕业之后，全部选择继续深造，现在有半数以上的同学在海内外著名高校或研究所从事科研工作。

当然，这是后话了，说回当时。大一学年担任班长的经历，使我萌生了对"社会工作"的兴趣。为同学排忧解难使我感到快乐与满足，参与集体建设、组织班级活动也给我带来成就感，使我对自己的工作能力有了些许自信。

大二学年，我加入了系学生会学习部，主要工作是帮助同学们在学业上获得支持、取得进步。我们创办了"新生领航"活动，发动高年级同学来当"领航员"，帮助新生更好地适应大学生活。我们邀请毕业班的同学给学弟学妹做主题交流，分享课题组选择、保研面试、出国申请等各方面的经验。我们还筛选、整理了各种学习资料，复印并装订成册，发给同学们做参考。这些看似容易、实则烦琐的事情，赢得了同学们的好评，也进一步激发了我对"社会工作"的热情。

大三学年，我又担任了系团委副书记和校学生会副主席，视野更加开阔。两项工作性质不同，有时又身处"夹角"之中，自然使我思考起自己的未来，何去何从？

大学怎么过

2011年校庆前夕,学校有关部门出台了"网费改革"政策,取消学生每个月的固定网费,实行"每人每月免费使用 5 GB 流量,超出部分阶梯式缴费"。这一政策的出台,引发同学们热议。一部分同学觉得是利好消息,但更多的同学认为 5 GB 流量太少,无法满足实际需求。我当时担任校学生会副主席,负责生活权益部的工作,就将部里的同学们分为若干小组,利用晚上时间,深入到各个宿舍楼开展大范围的调研活动。我们把调研结果进行汇总、整理,经过统计,得出"免费流量额度应为 20 GB 比较合理"的结论,报给学校有关部门,学校很快采纳了我们的建议,得到了同学们的好评。

我逐渐发现,自己之所以喜欢做"社会工作",并不是因为当学生干部有多么荣耀,可以在简历里写上一笔,也不仅仅是为了服务同学、锻炼自己,更多的是在"发现问题、解决问题"的过程中,享受"理性"思维的快乐和实现目标的成就感。

四是文艺活动。

初入清华园,我被精彩的迎新演出吸引,对文艺活动萌生了兴趣,就报考了校学生艺术团话剧队。考核分为"诗朗诵"和"情景剧"两部分。我在中学阶段参加过语言表演课外兴趣班,受过一些发声、语音训练,因此在"诗朗诵"环节名列前茅,博得了评委的夸奖。但是,在"情景剧"环节,我却表现不佳,最终没能入选话剧队。

我有些遗憾,便把自己参与文艺活动的热情倾注于系里的"学生节"。

"学生节"是清华园里的重要活动，起源于1983年由计算机系同学们创办的文艺晚会。发展至今，每个院系都有一年一度的"学生节"，由学生会组织大家自愿参与、自编自导自演，是同学们展示艺术才华的舞台。

在"学生节"的舞台上，我一改平时的严肃认真，试图展示出另一个自己：我参演班级喜剧，一人分饰四个角色，从"文艺青年"到"学术狂人"，给大家带来了阵阵欢笑。我和班里的几个女生一起身穿白大褂，两只手各拎一棵大葱，伴着当时流行的"甩葱歌"跳起了舞。我还担任过主持人，身穿晚礼服，脚着高跟鞋，站在聚光灯下，手持话筒，字正腔圆、抑扬顿挫地介绍着每一个精彩的节目……

参与文艺活动使我觉得新奇有趣，但我也在实践中发现，自己确实缺乏"文艺细胞"。我从小五音不全，唱歌跑调；拍摄班剧时，我频繁笑场，毫无"表演"的天赋；跳起舞来，我的动作又显得有些僵硬，不够优美。虽然学过语言表演，可当时我主要练习的是播音、配音，真正上台主持起节目来，我却感到害羞，浑身不自在。

我还发现，相比于"艺术"，我更青睐"文学"，渴望以语言文字为媒介，表达自己的观点、思想与感情。看多了"学生节"的节目，我的创作热情被激发出来，便自告奋勇地为"学生节"创作微电影剧本。为了圆满完成任务，我先上网观看了包括"清华夜话"在内的若干微电影，又重温了一些经典的相声、小品，结合日常校园生活，开始酝酿剧本。之后的一段时间，在校园里散步，或者在食堂排队打饭时，我总会随身携带一个小本子和一支笔，将自己的

大学怎么过

"灵感"记录下来,然后作为素材,写到剧本里面去,最终完成了一部微电影的创作。

这部微电影在"学生节"上映时,现场爆发出一阵阵欢笑。我坐在台下看着、听着,再也没有登台表演时的拘束和害羞,心里很是得意。我知道,自己的剧本还很生涩,既没有跌宕的情节,也没有丰富的情感,人物和对白都很简单,但它毕竟凝结了我的心血,也值得我为之骄傲。

我由此对自己有了更多觉察:我喜欢静静思考、默默工作;我喜欢"头脑风暴、创意表达";我喜欢富于"创造性"的活动!

五是科研训练。

大二暑假,我开始考虑课题组的选择。按照培养计划,当时的我只学过无机化学、有机化学、物理化学,尚未涉猎分析化学、结构化学、高分子化学等。得益于高中阶段的化学竞赛基础,我在学习无机化学课程时,几乎没有遇到什么困难,学得比较轻松。有机化学略有难度,授课教师就给每位同学发了一套有机分子球棍模型作为教辅材料。我此前只在课本上见过球棍模型,第一次见到"实物",感觉很新奇,就按照老师的建议,时不时地把球棍模型拿出来摆一摆、想一想,加深对有机分子结构的理解,也激发了我对有机化学的兴趣。物理化学是系里有名的"老虎课",我刚开始学的时候,确实觉得很难,但经过一番努力,最终也学得不错,这使我很有成就感。

我抱着试试看的态度,申请加入了"有机化学"与"物理化学"

相结合的有机光电子实验室。第一次与导师见面，他就对我说，要争取做"顶天立地"的研究，或者有重大的理论突破，可以"上书架"；或者能够应用于生产实践，可以"上货架"。

当时的我，还不能完全理解导师的意思，但"上书架"和"上货架"确实使我对科研产生了向往。

初进课题组，导师安排了一位从事光电材料半导体特性研究的博士生师姐带我。师姐比我年长五岁，知识渊博，为人友善，做事认真。她向我推荐了几篇经典文献和一本名为《半导体物理学》的教材，给我讲解了光电领域常用参数的物理意义和测试方法，又带我做了一些简单的实验。

然而，我跟着师姐学习了一段时间，却始终没能进入状态，总觉得文献和教材中的物理知识有些枯燥，各种各样的符号又很容易混淆。我分析认为，这和我平时的学科偏好有关，我擅长数学和化学，但物理却不算是我的强项，相关的课程也都成绩平平。

一学期之后，导师问我"最近感觉怎么样"，我就向导师讲述了自己的学科偏好，提出希望更换一个偏重于"化学"研究的课题。导师表示理解，又安排了一位博士生师兄带我，转而做光电材料设计与合成的研究。

师兄带我阅读了他已经发表的一系列研究论文，又向我展示了他近期研制成功的几种光电材料。它们装在大小不一的瓶子里，整齐地摆在玻璃干燥器内，在紫外灯的照射下，发出了美丽的光芒。

那一刻，我怦然心动，蓦然想起儿时读过的《居里夫人传》里的一个场景，比埃尔对玛丽说："我希望它（指的是镭）有很美丽的

大学怎么过

颜色。"

那一刻,我仿佛已经领略到了科研之美、化学之美。

于是,我带着这份"一见钟情"的感觉,正式开始了自己的科研生活,每天除了上课,大多数时间都"泡"在实验室里。起初,我帮助师兄洗瓶子、称药品,跟着师兄开反应、做表征;后来,我逐渐熟悉了具体的实验操作,就与导师商量,开始独立做研究。

做研究并不容易,经常是理论设计很精彩,实验结果很意外。有时候发现一个有趣的实验现象,为了尽快弄明白其中的奥秘,我早晨五六点钟就到实验室工作。不可否认,实验的失败常常给我带来痛苦与烦恼,但也使我体会到学术研究的不确定性,反而激发了我探索未知的好奇心。我还惊喜地发现,学术研究似乎可以满足我的大部分兴趣,包括"发现问题、解决问题"的理性思维,和"头脑风暴、创意表达"的感性认知。我隐约地感觉到,自己找到了愿意为之奋斗一生的事业。于是,那些迎着朝阳走向系馆的清晨,那些在实验室里度过的夜晚,那一个个专注于学术研究的静谧日子,使我至今怀念。

以上,就是我在本科期间的种种经历。

本科毕业后,曾经有人问我:"如果大学生活可以重新来过,你会怎样选择?"

我回答说:"如果我能够未卜先知,也许我从一开始就集中精力,专注于科研。"

但我知道，这是不可能的。参与志愿服务、社会实践、社会工作、文艺活动，固然占用了不少时间，我却从未觉得遗憾或者后悔。因为，人生没有"快进键"，正是当初这些不设限、不拘泥的尝试，使我逐渐了解自己喜欢做什么、擅长做什么，为我之后的学业发展和职业选择提供了重要的参考依据。

当然，在不给自己设限，广泛尝试的同时，也要适可而止，合理取舍。毕竟，做任何事情都要花费时间、投入精力，而每个人的时间、精力都有限，有舍才能有得。

本小节的最后，给大家分享一个关于"取舍"的小故事。

我有一个好朋友，身体素质特棒，外号叫"活兔子"。

我一直觉得，"活兔子"是那种很有运动天赋的人：她上大学前，一天专业训练都没有参加过，却能在新生体育课的1500米测试中跑出接近国家二级运动员的好成绩，当时惊艳了全场。但是，"活兔子"并不喜欢体育，她说自己跑得快纯属意外，大概是小时候跑步上学练出来的。她真正喜欢的是摄影。新生入学之后没多久，她就报名加入了学生摄影协会，每天扛着一台单反相机，在校园里四处采风。

然而，她在运动场上这么耀眼，实在不能不吸引体育老师的注意。很快，她便被招进了校田径队。

起初，"活兔子"很高兴，作为大一新生，能入选校队，有机会征战赛场为清华争光，当然是一件好事。于

大学怎么过

是,她在教练的要求下,披上了印有"清华"字样的运动衣,按时到东大操场参加训练。据说训练很苦,可也许因为她身体素质好,又天赋异禀,倒也没有遭过太大罪,平平安安地跟下来了。

可是,后来有一天,"活兔子"找到我,愁眉不展地说,自己必须在"跑步"和"摄影"中间,二选其一。我问为什么,她说是因为进入大二学年,自己选修了双学位,一学期有35学分,实在忙不过来了。我问她想放弃哪一样,她想了想,说:"从理智上,我似乎应该放弃摄影,毕竟我在这方面十分业余;可是,相比于跑步来说,我还是更喜欢摄影。"

我说:"那你跟教练说了吗,他有什么建议呢?"

她说:"教练倒是没什么意见,我现在的水平也没法代表清华上场去参加比赛,还需要训练相当长的时间呢。我只是觉得,自己都练了这么久了,也有挺大的进步了,现在冷不丁不练了,多可惜呀。"说完,眼泪就要掉下来。

我一看"活兔子"真着急了,就宽慰她说:"别哭别哭,怎样都行,你觉得舒服就好。"可这话好像并没有说到"活兔子"的心里去,她还是闷闷不乐,脸色灰灰。

思来想去,"活兔子"还是觉得自己不应该放弃校队训练,但又不舍得放弃摄影,就牺牲了休息时间,设法两样兼顾。也许那段时间她的课业负担确实很重,我每次见到她,都觉得她比之前消瘦,精神状态也不好。有一天她突然给我发信息,说自己不慎摔了一跤,韧带断了,住进了医院,正在等待手术。我当时就觉得很奇怪,心想,是不是因为她长期睡眠不足,走路时头重脚轻,才导致摔跤?否则,也不至于这么严重呀。

后来,"活兔子"做完手术出了院,医生不建议继续参加专业训练,她才终于退了役。她跟我说起这一段的时候,脸上倒也没有太多遗憾,反而是如释重负的轻松。

再后来,相当一段时间里,我每次约她见面,她都扛着带有长镜头的单反相机,一瘸一拐,面呈微笑地朝我走来……

| 沐朝露,伴夕阳 |

本科期间,我还有一段特别的、担任清华大学学生国旗仪仗队员的经历,它完全在计划之外,却使我受益匪浅。

我们2008级清华新生的军训在北京昌平军训基地举行。一天,清华大学学生国旗仪仗队来到基地招新。当时,我和几个同学留在营房里为连队出板报,与国旗仪仗队擦肩而过。军训快要结束时,学生艺术团到基地慰问演出。其中一个节目——清华学生原创话剧《清晨,国旗从这里升起》使我印象深刻,特别是那句激动人心的台词:"五星红旗,我愿永远做你光华中,最灿烂的一笔。"

2009年,清华数千名师生组成"科技发展"和"毛泽东思想"

大学怎么过

两个群众游行方阵,参加国庆 60 周年天安门广场庆祝活动。我作为学生党员,报名参加了"科技发展"方阵。

"科技发展"方阵从 8 月初开始集结,一直训练到 9 月底,由清华的国防生担任教官。我所在中队的教官,恰好又是一名国旗仪仗队队员,与我年纪相仿。训练间隙,我们坐在一起聊天,他多次提到自己在国旗仪仗队的生活。他告诉我说,国旗仪仗队于 1994 年建队,是全国高校最早成立的学生国旗仪仗队之一。2008 年北京奥运会期间,国旗仪仗队派出 44 名队员,组成升旗手志愿者中唯一的学生队伍,为九个奥运场馆的颁奖仪式升旗。加入清华国旗仪仗队,每个队员配发一套军礼服,大檐帽、黑皮鞋、领花帽徽、腰带绶带、肩章臂章……穿在身上,真是帅极了,走在校园里,总能吸引无数目光。

当时,我对高校学生国旗仪仗队的历史不甚了解,北京奥运会也早已过去了。真正使我心驰神往的,是那一身帅气的军礼服!于是,国庆活动一结束,我就怀着满腔热血,报名加入了国旗仪仗队。

国旗仪仗队的日常活动,包括每周日下午集体训练、每周一早晨在主楼前广场上举行升旗仪式。另外,我们还要负责主楼和大礼堂前两面国旗每天的早升、晚降,以及各院系田径运动会开幕式的出旗。

初入仪仗队,我们作为"新兵"的主要任务就是参加每周日下午的集体训练,既没发军装,也不能进入周一早晨的出旗队列,只能站在旁边观摩。

我有点失落。看看老队员,他们身穿军装,在阳光下列队,军姿挺拔，真帅！训练时齐步换正步、正步换齐步，一令一动，真帅！每周一早晨，集结出旗，走起漂亮的分列式，整齐划一，真帅！带刀司仪喊口令，"升国旗，奏国歌，敬礼——"表情庄严、声音洪亮，真帅！……我真是羡慕极了。可是，这些"帅"一时又跟我没什么关系。我看在眼里，急在心里，只好加倍刻苦地训练，希望自己能够早日成为队列中的一员。

入队后没多久，天气渐冷，室外气温越来越低。一个周日，我只穿着单薄的衬衣参加训练，晚上回宿舍就发起烧来。次日早晨出旗，我舍不得请假，就在身上敷了几片"暖贴"，吃了一片退烧药，打起精神去了。没想到，这一举动竟然起到了"以毒攻毒"的效果，烧奇迹般地退了，而且在其后两个秋冬的训练里，我再也没有因为着凉而生病。

11月中旬，我们终于发了军装。那是一个周四的下午，户外飘着濛濛细雨，队长发短信通知我们去学校武装部领军装。当时，我正在图书馆上自习，收到短信，便把书本一推，欢天喜地飞奔而去。领到军装之后，我手捧着那沉甸甸的"N件套"——松枝绿的军装、黑色的皮鞋、洁白的腰带手套、红色的肩章臂章，兴高采烈地回到宿舍，迫不及待将自己武装起来，揽镜自照，恍然如梦。

穿上了军装，我们就可以走队列、出任务了。两周后的又一个周一，正好赶上我的20岁生日。队长知道了，特地安排我担任护旗手，作为生日纪念。那是我生平第一次当护旗手，真是又激动、又紧张。当天早晨五点多，我就骑车来到主楼，在广场上反复练习，做着各种准备工作。升旗仪式上，我小心翼翼、提心吊胆，生

大学怎么过

怕出一点差错,所幸有惊无险,顺利完成任务。仪式结束之后,队长鼓励我说:"这是你第一次出任务,完成得不错,以后肯定会越来越好!"

冬日的阳光闪耀在我的眼前。我仰望着在蓝天映衬下显得格外鲜艳的五星红旗,眼泪夺眶而出:这是我第一次如此真切地感受到,我与祖国那么亲、那么近。

所谓"万事开头难"。有了第一次,之后的出旗任务就变得简单起来。出旗队伍分为前后两部分:前导四人,包括一名擎旗手、两名护旗手、一名带刀司仪,后面则是方阵队列。通常情况下,擎旗手和带刀司仪都是男生,分别负责擎国旗和队列指挥;护旗手则由女生担任,分别位于擎旗手的左、右两侧,"左护旗"负责绑旗、扬旗,"右护旗"负责拉绳、升旗。我一直担任"左护旗",需要在国歌奏响之前,快速地把国旗绑到旗绳上;等国歌奏完之后,再快速地将旗绳固定在旗杆的配件上,然后立正,等待带刀司仪下达归队口令。经过反复练习,我终于熟练了这一套系列动作。

国旗仪仗队伴我走过大学本科岁月,它也给我留下四次特别的记忆。

第一次是 2010 年 3 月 8 日,周一,照例要举行升旗仪式。但这一天有些不寻常,早晨下了大雪,宁静的校园里一片洁白。我和几名队员一起从宿舍楼出发,见此情景,便心生担忧,不顾下雪路滑,将自行车骑得飞快。等我们气喘吁吁地赶到主楼时,队长已经来了,正拿着铁锹,铲着广场上的积雪。我们赶快跑过去帮忙,终于在升旗仪式开始之前，清理出一片小小的空地。纷飞的大雪、寒冷的天气、湿滑的路面，使其后的出旗显得格外艰难。尤其是，旗杆底座的大理石台面上，结了薄薄的一层冰，踏上去很容易发生"侧滑"，导致整个人摔倒。我们缓慢庄严地行进着，每一步，都小心、谨慎；每一步，都坚实、稳重，最终顺利地完成了任务。队长点评说："在冰面上行走，身子要端正，步子要踩实，这不也是人生道理吗？"这句话我至今铭记于心。

第二次是2011年3月7日，也是周一。这天赶上了清华园里的盛大节日——"女生节"。国旗仪仗队的男同学们，为我们准备了一份别出心裁的礼物：走一次全女生队列。全体男队员在主楼前广场上站成两排"标兵"，四名女队员分别担任擎旗手、护旗手、带刀司仪，其余女队员组成方阵队列，在男队员的庄严护卫中，圆满完成了当天的出旗。这个"女生节"礼物，既新颖又浪漫，给我们带来了难以忘怀的惊喜和感动。

第三次是2011年4月5日，我作为校学生会副主席，与研究生会的同仁们，共同发起了清明节纪念清华英烈的活动。我们组织来自各院系的同学参加了纪念活动，和国旗仪仗队的队友一起为英烈敬献花篮。活动地点位于荷塘附近的北山坡。当时我很感慨，因为此前我并不知道这里还有一座纪念碑——正面镶有"祖国儿女清华英烈"八个铜铸大字，背面镌刻着"在抗日战争和解放战争时期献身的清华英烈永垂不朽"以及23位烈士的英名。过往的清明，春暖花开，我只看到前面校河里春水又涨，我只看到附近操场旁春草又绿，我只看到远处艺术角歌舞升平。直到这一年，我才终于知道，

大学怎么过

原来在清华的历史长河里,还有这样一群俊朗的祖国儿女,曾经和我们一样朝气蓬勃,却在为中华民族独立自由解放的岁月中,英勇斗争,舍生忘死,把生命献给了祖国,把姓名留在了纪念碑上。先烈们生命短暂,年华灿烂,在历史的篇章里留下了印记,与时代的印记重叠,交相辉映。慎终追远,缅怀先烈,我更加深刻地体会到,今天的美好生活来之不易,要珍惜当下,努力奋斗,报效祖国。

第四次是 2011 年 4 月 23 日,我们为清华百年校庆活动出旗。早在当年 2 月底,我们就接到任务,要在活动当天,组建一个擎旗方阵,而我有幸担任护旗手。我们当时做了测算,擎旗方阵踢正步的路程是整整 30 米,护旗手站军姿的时间是整整 60 分钟。我至今记得这短短的路程、长长的时间,背后是怎样的汗水。为了练好队列动作,我和队友每天下午课后到操场上加训;为了保持军姿挺拔,我两个月睡觉没用枕头、没铺褥子;为了提高身体素质,我每周坚持跑步;为了保证升旗与国歌"一秒不差",我和搭档利用所学专业知识,设计出新型升旗滑轮组和多种升旗方案,经过对比,最终采纳了"分段测量标记法"。在对旗杆进行精确测量与计算的过程中,46 秒的国歌,我们听了上百遍……最终,我们在数千师生期待的目光中,用标准美观的动作,将五星红旗一秒不差地升到旗杆顶端。那是我生命中的"高光时刻"——我们用国旗仪仗队员特有的方式,诠释了青年学子的爱国情怀,也诠释了清华校风"行胜于言"。

要当好一名称职的国旗仪仗队员,必须经历很多考验:

首先是时间的投入。

我刚入队时，每周日下午三点到五点，集体训练两个小时，老队员穿军装，新队员穿便装。2010年底，换届之后，我们几个骨干队员经过商量，下决心做了改革，将每周的训练时间延长一个小时，提前到下午两点开始，并要求全体新队员穿迷彩服参加训练。新制度实行后，队内纪律更加严明，队列水平显著提高，但同时也产生了新问题：训练占用了更多的时间。当时，我刚进入大三学年，选修了30多学分，课业压力很大，有种"分身乏术"的感觉。有一个周日，作业实在写不完，我就发短信向队长请了假。但是，在自习室里学到下午一点半，一想到队友们肯定已经做好准备、出发去主楼参加训练了，我就坐不住了，几经犹豫，还是骑车回到宿舍，飞快地换好军装，再飞奔到主楼……我的出现让队长大为惊讶："你不是请假了吗？"我解释说："没办法呀，即使我不来训练，也什么都学不进去！"作业写不完，我晚上只能开夜车，但不管多晚入睡，第二天清晨都必须按时集合出任务。当黎明将至，整个清华园被寂静笼罩，宿舍楼几乎没有一间亮灯，我却要早早起床，穿军装、正仪表，披星戴月地骑车赶往主楼……那个时候的我，也会感到些许疲倦。尽管如此，在队期间，我还是克服了种种困难，保持了训练和出旗的全勤。

其次是艰苦的训练。

国旗仪仗队的训练非常严格，队长想尽各种办法来提升训练效果。"夹扑克牌"是最常用的一招，即，站军姿时，在我们的脖颈与衣领、胳膊肘与腰、双手与大腿、双膝之间的缝隙，分别夹一张扑克牌，只要稍微一动，扑克牌马上落地，队长不容分说就过来加训。

大学怎么过

而要想让扑克牌不掉,就得时刻保持动作极度标准、精神高度紧张,这对人的意志力是很大的考验。其实,即使不夹扑克牌,训练本身也足够艰苦。夏天,我们站在如火的骄阳下,身上穿着的衬衫、秋常服,从里到外全被汗水湿透;冬天,我们站在凛冽的北风中,单薄的军装根本抵御不住刺骨的寒冷,训练结束,到食堂吃饭,手冻得拿不住筷子……那个时候的我,也会默默心疼自己。尽管如此,我和队友一样,虽有抱怨、有委屈,却从不后悔。我们从国旗仪仗队的艰苦训练中,体会到付出的快乐,收获了坚强的意志。

2011年冬天,即将本科毕业的我,怀着不舍的心情,递交了退队申请。退队仪式上,我们从学校武装部老师的手里,接过了队员证书。队长还特意制作了纪念视频,带我们共同回顾这段珍贵的日子:最初的训练,最后的出旗;最经常想起,最难以忘记……

国旗仪仗队就这样从我的生活中悄然淡出,变成往昔。

但之后的许多年里,我身上还始终保留着国旗仪仗队员的印记:每次路过主楼前广场,总是下意识地抬头看看国旗是否升到杆顶;每次站立拍照,总是习惯性地把膝盖夹紧、两个脚尖分开成60度;甚至在散步时,也会不经意地走出标准的齐步……

我还经常梦见自己在国旗仪仗队的日子:我和队友一起穿着松枝绿的军装,整齐地站在主楼前广场上,咬紧牙关、大汗淋漓地练着摆臂或者吊腿。我的梦境里,有湛蓝的天空、翠绿的草坪和银白的旗杆,还有那迎风飘扬、猎猎作响的五星红旗……

在国旗仪仗队度过的青春岁月,为我的生命增添了美好而厚重的一页,让我更加真切地理解了自己肩上的责任。

"沐朝露、伴夕阳是我挚爱的生活,亲手升起五星红旗是我无上的光荣,护卫国旗报效国家是我一生的担当。"这是清华大学国旗仪仗队的队训。

这句话,我入队时就已背熟;这句话,我离开时更深切体会到它的内涵;这句话,牢牢镌刻在我的心底,永远永远。

无体育,不清华

清华园,体育氛围浓郁深厚。

建校初期,清华就有德智体三育并进的教育方针。新中国成立后,以蒋南翔校长为首的学校领导班子继续把体育放到举足轻重的位置。著名体育教育家马约翰先生崇尚"体育强国",认为体育的目的不单纯是"粗腕壮腿",同时也是"养成完整人格的最好工具"。体育可以培养两种精神:一是 Sportsmanship(体育精神),二是 Teamwork(团队合作)。前者有竞赛精神、竞赛道德、竞赛守则之意;后者则代表各守岗位、各尽全力、顾全大局的整体精神。[①]

在清华,马约翰先生从事体育教育直至终身,他提出的"为祖国健康工作 50 年"的口号享誉全国。体育精神又与清华精神高度契合。著名的体育格言"更高、更快、更强",激励人们超越自我、追求卓越,这与清华校训中的"自强不息"异曲同工,构成了"无体

---

① 孙哲等:《春风化雨——百名校友忆清华》,北京,清华大学出版社,2011。

大学怎么过

育,不清华"的坚实根基。

1918年,时任清华校长的周诒春先生,将每天下午四点到五点的一个小时定为"强制运动时间",届时全校所有的教学楼、宿舍楼、实验楼、图书馆等一律关门加锁,所有学生们到操场上去参加体育锻炼,清华特色的"8-1>8"的口号从此产生,意即每天花费七小时读书学习,一小时参加体育锻炼,比每天花费八小时纯读书学习的效果更好。

进入新时期,清华又提出了"大众高于明星、健身高于竞技、过程高于结果、长远高于眼前""育人至上,体魄与人格并重"和"体脑平衡,追求卓越"的理念,大力发展体育教育、群体活动,竞技体育、体育科研双重并举,诸多清华学子深受此益。我也是其中之一。

新生报到当天,我就从学长那里听说,清华体育课项目丰富,有大众化的乒乓球、羽毛球、足球、篮球、排球,也有小众的空手道、跆拳道、击剑、跳水、藤球,等等。清华体育课要求很高,男生考3000米,12分20秒满分,14分40秒合格;女生考1500米,6分40秒满分,7分20秒合格。而且,每学期都有体育考试,成绩不通过,不能毕业。

我虽然一向喜欢体育运动,却远远谈不上擅长,拿手的项目也很少。

大一学年秋季学期的体育课上,老师带我们练习1500米跑。同学们站在起跑线上,出发前,摩拳擦掌,跃跃欲试;刚出发,精力充沛,神采奕奕;跑了一阵子,脚步明显变慢,呼吸也急促起来;

再跑下去，整个队伍里就只能听到沉重的喘息声了。好不容易跑到终点，我们早已筋疲力尽，恨不得就地瘫倒。看到我们这样，老师赶紧走过来，叮嘱我们说，千万不能马上停下，要慢走一会儿，让心脏慢慢适应运动节奏的改变，否则对身体不好，甚至可能发生危险。

这是我生平第一次跑 1500 米，此前我一次跑过的最远距离也不过只有 800 米。这猛地跑出 1500 米，即使在老师的带领下做了拉伸和放松，第二天早晨，我还是肌肉酸痛，躺在床上爬不起来了。

再上体育课，老师询问大家："上次跑完回去，感觉如何？"我们异口同声，叫苦不迭。老师倒不心疼我们，只是说，这证明我们的体能欠缺，接着建议我们每周至少跑 3 次 1500 米。

我照做了。刚开始，很难。每次跑完，我都心动过速，大汗淋漓，几乎喘不过气来，要休息很久才能缓过来。更使我感到烦恼的是，跑完步的第二天，我总是又困又累，上课难以集中精力，学习效率也受到了些许影响。

但是，坚持了一段时间后，我就开始适应这样的训练强度，跑起步来感觉不那么吃力了，身体素质有所好转，心情也明亮了许多。尤其是，当我感觉腰酸背痛，体力不支的时候，当我受到寒风的刺激，咳嗽不止的时候，我就想想自己喜爱的体育明星，想想他们刻苦训练、为国争光的故事，然后在心里勉励自己，咬牙坚持下来。

终于，经过坚持加努力，我在期末体育测试中，如愿跑进了 6 分 40 秒，取得了单项满分的好成绩。我在每一个 1500 米的枯燥跑动中，体会到了一种以前从未有过的乐趣，理解了体育蕴含的道理：

大学怎么过

没有临阵磨枪、投机取巧,也没有太多捷径可以走,每一步都要一点一滴、踏踏实实地去做。是啊,就好像人在身体极限的情况下,才能更深刻地感觉到,生命是多么的美好和绚烂。既然生命那么美好绚烂,我们有什么理由不坚持,有什么理由不努力?甚至还有点莫名的感动。我想,坚持加努力,这大概就是体育的魅力。

清华园中,体育的魅力无处不在。继1500米跑的坚持之后,我又多次体会到这一点。

学校武装部面向本科生开设了一门射击课,非常抢手,很难选上。我从大二学年就开始拼运气,连续抽了四次签,终于在大四学年秋季学期如愿得中,选上了射击课。

第一次上课,老师概述了射击基础理论,"三点一线、三圆同心"和"有意瞄准、无意击发",介绍了射击在竞技体育项目中的基本分类——飞碟、步枪、手枪、移动靶,又讲解了我们将要学习使用的气手枪、气步枪的构造以及安全须知,然后给每个同学发了枪支、子弹和靶纸,让我们开始做射击练习。

这是我第一次拿枪,心里很是激动。打完一组气步枪,我拿起靶纸一看,当场震惊了:靶纸正中间"10环"的圆心处,是一个近乎标准的"圆点";周围则零乱地分布着一些"散点",仔细数一数,好像还有一枪脱靶了。想必班里的其他同学也发现了类似的现象,大家一时间议论纷纷,感叹不已:我们击中靶心了吗?我们的枪法是准还是不准?

老师走过来,对我们解释道:"哦,中间那些弹孔是清华射击队的同学打的。"

我们的好奇心被激发起来,大家就围着老师,请他给我们讲清华射击队的故事。

老师欣然同意,告诉我们说,射击是我国的传统优势项目,第一枚奥运金牌就是由著名射击运动员许海峰在1984年洛杉矶奥运会上夺得。清华大学射击队始建于20世纪50年代中期,60年代中后期因历史原因中断。20世纪90年代,在国家"体教结合"的政策背景下,在学校领导及国家体育总局射击射箭运动管理中心领导的支持筹划下,清华大学射击队于1999年10月正式复建。经过十多年的发展,射击队可谓"老将荟萃、人才辈出",绝大部分队员都久经沙场、战功显赫,包括奥运冠军王义夫、世界杯冠军单红等。老师还告诉我们,射击运动员平时主要的训练项目除了练习瞄准、击发之外,就是各种身体素质训练,包括手、肩、腰、腹和腿部力量训练,有氧耐力训练,稳定性、平衡性、协调性训练,还有集中精力、排除干扰、调整心态等心理训练。

我们都很意外,满以为射击这么"文质彬彬"的项目,对身体素质的要求应该不高,但事实却不是这样。

老师看出了大家的心思,先不解释,而是说:"这样吧,你们每天晚上回去练臂力,练一段时间就知道了。"

我又照做了。宿舍里没有哑铃,我就用大桶的洗衣液来代替,举在手里沉甸甸的,没过多久,右臂就又酸又胀,连写字都是颤抖的。经过一段时间的练习,我发现自己的射击水平果然有了进步,甚至有时,也能打出9环、10环的好成绩了。

我感到惊奇,就利用射击课的间隙,跟老师交流心得体会。

老师告诉我，身体素质是一切体育运动的基础。身体素质不过关，肌肉力量小、反应速度慢，不仅难以提高运动成绩，而且在训练过程中还容易受伤。但同时，身体素质的提高，又需要长期的积累，只有经过日复一日、年复一年的艰苦训练，才能在赛场上取得好成绩。

老师还告诉我，对于高水平运动员来说，心理素质也至关重要。射击的准确度取决于两个因素：一是持枪的稳定性，二是击发的时机。所谓"稳定性"，就是持枪时的晃动要尽可能小，尽可能控制自己的身体；而"击发的时机"，是要在最合适的时候，扣下扳机。

老师说："真正到了奥运会决赛，这一枪你打到9.5环就能拿到金牌，这时候你的手会抖，心也会抖。你想到自己这五年来、十年来吃了多少苦，流了多少汗，你想到自己的祖国等着这面金牌，家人等着那笔奖金。在这种巨大的心理压力下，你能找到那个击发的瞬间吗？你敢去做这种击发吗？"

老师的话，在我的心里掀起了阵阵波澜。我第一次了解到赛场上"竞技"的残酷，再一次感受到"体育"的魅力，也更加深刻地理解了"场上一分钟，场下十年功"的道理。

在清华读书期间，我练过排球，踢过足球，打过羽毛球，跳过健美操，跑过10公里马拉松，还代表化学系参加过跳远、短跑、中长跑、乒乓球等多项比赛。其实，我并没有什么体育天赋，大多数项目的运动成绩也平平。但是，化学系女生实在太少，所以一有活动，学生会体育部的同学就来到各个宿舍，发动大家积极参加，我也就赶鸭子上架,"披挂上阵"了。

唯一能勉强算作我的"特长"的项目,大概就是乒乓球了。

由于高中阶段学过一段时间乒乓球,新生入学之后不久,我就加入了系乒乓球队,每周按时参加训练,球技有所提高。大三学年春季学期,我在校级比赛中打出了好成绩,因此被学校乒乓球队的总教练王欣老师看中了。比赛结束后,王老师问我想不想进校队,我受宠若惊,立时满口答应。

入队之后,我才知道,原来清华乒乓球队是招体育特长生的,每年都有几位国家一级、二级运动员加入。仅接受过短期业余训练的我,和这些"健将"相比,技战术简直是云泥之别。

我至今仍然清楚地记得第一次训练的场景。

第一次训练,我和队友站成一排,听教练讲话。教练先让包括我在内的几名新队员做自我介绍,又布置了新学期的整体训练安排:每周二、周五晚上各有两小时训练,周二以"多球"训练为主,周五则以"单球"训练为主,还有体能练习和不定期的队内比赛。

我当时既兴奋,又懵懂。没等我回过神来,教练就嘱咐队长带领大家做热身运动,然后,正式训练就开始了。

偌大的体育馆的一端,摆了10张乒乓球台,每张球台上都用脸盆装着满满一盆乒乓球。队员们分成两排,分别站到球台两侧,按照教练的指挥,开始一项一项地做练习。

第一项是"定点摆速"。我此前从未听说过这个词,傻傻地站在原地,问教练这是什么意思。教练大概没有想到我连这个都不懂,露出惊讶的表情,然后说:"'定点摆速'也叫'左推右攻',就是站

大学怎么过

在固定位置上,正手打一下,反手再打一下。"

我的搭档是一位体育特长生,她先给我发"多球",右手握拍,左手从脸盆里拿出乒乓球,一只一只轻轻抛起来,用球拍依次撞击,直接发到对面半张球台上,供我做击球练习。我的搭档水平很高,"多球"发得又快又稳、连续不断,我很快适应了她的节奏,练得还算顺利。可是,轮到我发"多球"、她击球时,我就傻眼了:自己居然连发"多球"都不会!我的搭档也傻眼了,也许没有想到我居然这么业余,只好停下来,耐心地给我讲解发"多球"的技巧。她告诉我,发"多球"既不能太高,也不能太低;既不能太长,也不能太短;还要注意弧线、落点、节奏等。我自认为拖累了搭档的训练,心怀内疚,就站在球台前,老老实实地听,认认真真地学,终于勉强过关了。

练完了"定点摆速",第二项是"正手两点跑位"。这个词,我当然也是第一次听说。不过这次,我怕再露怯,没敢问教练,而是悄悄观察周围人是怎么练的,才明白原来就是在球台的中间和右侧进行横向移动,同时连续使用正手击球。我以前很少做类似的练习,步子很慢,即使搭档不停地给我加油鼓劲儿,我也难以跟上她发"多球"的速度,生生地把"正手两点跑位"练成了"正手两点走位",而且,累得晕头转向,气喘吁吁。

练完了"定点摆速""正手两点跑位",又开始练"正手三点跑位""推侧扑"……我跟着队友们,一项一项地练,一点一点地学。从未接受过专业训练的我,何止乒乓球技战术不行,就连体能都跟不上。做俯卧撑,队友们做得生龙活虎、热火朝天,我却在垫子上苦苦挣扎，一旦趴下去，就很难再起来；跳起绳来，队友们能跳"双摇"甚至"三摇"，可我连最基本的"单摇"都跳得断断续续，时不时还会被脚底的绳子绊倒；50米折返跑，队友们身轻如燕、灵活自如，而我总是"刹不住车"，好几次差点撞到球馆的墙壁上……

几次训练下来，我不仅感受到身体的疲惫，也体会到内心的压力。从小到大，我向来是班里的"好学生"，成绩一直名列前茅。大学前三年，我在学习生活中，尽管也遇到过一些挫折，但整体来说，还是比较顺利的，心里就难免有些小小的"骄傲"。现在进了校队，我发现大家都很厉害，自己却处处不如别人，原有的"骄傲"荡然无存，取而代之的，是失落与自卑。我不无郁闷地想，早知如此，当初我就不应该进校队。我不是特长生，基础又这么差，教练何必把我招进来呢？要是有一天轮到我这样的"小业余"代表学校出去打比赛，不会给清华丢脸吗？

这一天居然很快到来了。

2011年底，北京高校乒乓球锦标赛在北方工业大学举行。赛前一个月，教练就要求我们近期着重练习发球、接发球、抢攻等实战技术，又分别统计了每名队员的运动上衣、裤子的尺码。

我惊讶地问："就我这样的，也有队服吗？"

教练说："当然了，球队缺女生，你还得上场呢。"

就这样，我穿着新发的、印有"清华大学"字样的运动衣，战战兢兢地上了赛场。

没想到的是，我斗志昂扬上去，无精打采下来；打一场，输一

大学怎么过

场。输到不想再输的时候,我又羞又恼,流下了伤心的眼泪,哭着对教练说:"我不打了,上去也是输球!"

看到我如此难过,教练先拍拍我的肩膀,安慰了我,又对我说了两句话,第一句是:"只要是清华参加的比赛,就不能弃权,输球没关系,但你不能不打!"第二句是:"你现在输多少场,将来就会赢多少场。"

第一句话我能理解,第二句话却没有马上明白。很久之后,当我的球技逐渐提高,开始为清华赢球的时候,我才懂得了教练当初的一番苦心。她告诉我,既然穿上队服,代表清华出征,就不要患得患失,前怕狼、后怕虎。她告诉我,胜败乃兵家常事,要放平心态,面对困难不害怕,开动脑筋想办法。她告诉我,在赛场上,不管遇到多么强大的对手,都要抖擞精神,打出自己的风格来。她还告诉我,强者不抱怨,勇者不言败,与其垂头丧气,不如迎头赶上!

在校乒乓球队训练期间,我养成了很多好习惯。

记得有一次,体育代表队开全队会的时候,著名短跑运动员,"眼镜飞人"胡凯学长给我们做报告。他带来了一大摞训练笔记,里面记录了他从2001年9月11日入学到2009年4月7日退役这八年间,每一天的训练轨迹。他说,训练笔记里面的细节,是他一生最宝贵的东西。他从这些细节中,学会了坚守和坚持,等回头再看"梦想"这个词的时候,就不会觉得它那么虚无缥缈、高不可攀。他还对我们说:"你们有没有这样的毅力或者持续的勇气,把参加的每一次训练、每一次比赛都记下来？如果能做到的话，你们也一定会小有成果！"

我深受鼓舞，也开始写训练笔记。我的笔记，包括每一次训练的时间、地点、搭档；包括每一次训练的内容、要点、感想；也包括教练和队友对我的技战术指导，甚至包括那些肯定的言辞和鼓励的话语——这在当时，足以成为鼓励我继续刻苦训练的精神支柱。

写训练笔记使我懂得了"循序渐进"的道理。我从每一次训练的数据中，真真切切地看到了自己的进步：第一次50个球可能一个都没打上，第二次有10个球打上了，第三次有20个球打上了；这个月学会了正手快带、反手快撕；下个月练成了高抛发球、下蹲式发球；正反手对攻测速，从每分钟40、50个增加到80、90个……即使这些数据难以与队友媲美，我仍然颇有成就感。我经常在这些数据的下面写上一句话："每天进步一点点，未来就会不一样"，鼓励自己再接再厉，做得更好。

写训练笔记使我感到了"聚沙成塔"的快乐。体能曾经是我的一大难关。教练很重视体能训练，要求我们每天坚持，她还特别对我说："你球技暂时落后没有关系，但体能一定得跟上大家！"因此，校队训练时，我咬牙跟上大家的节奏；不训练的日子里，我就额外给自己加量，绑着沙袋练步法，增加腿部肌肉力量。可以毫不夸张地说，在校队训练的6年里，我从来没有偷过懒。久而久之，我发现自己的平板支撑时长，从30秒增加到120秒；一分钟"单摇"跳绳，从60个提高到130个……我由此获得了教练的表扬，也慢慢恢复了信心。

写训练笔记使我保持清醒和理性，及时调整技战术。我把教练讲解、队友示范的技术要领记在心里，在训练过程中反复琢磨，加深理解之后，再凝练成简洁清晰的文字，记录下来："接发球不要着急，可以先在心里数一拍""摆短要微微加摩擦，不能像点鞭炮一样点完就跑""杀高球时拍面要瞄着球网"，等等。

写训练笔记也促进我对内思考，准确把握自身状态。训练遇到瓶颈时，我会在笔记里写下"今天感觉不对劲，正手拉球总下网""今天热身没到位，侧身扑正手来不及"；心情波动起伏时，我也会提醒自己"昨晚睡得不好，今天有点走神，精力不够集中""今天打比赛有点着急，无谓失误太多，以后要提高回球成功率"，等等。

教练还要求我们写比赛总结，其形式与内容，都类似于中小学阶段写过的"考试总结"。

其实，乒乓球比赛和文化课考试有相似的地方：都是"用功在平时"，强调基本功；又都讲究随机应变，临场发挥也很重要。

但是，二者也有不一样的地方：文化课考试，大家做着同样的题目，互不干扰，会就是会，不会就是不会，基本不可能在考场上"现学现卖"；而乒乓球比赛，不仅要自己发挥出色，还要想方设法抑制对手——有时候，即使"杀敌一千，自损八百"也无妨。如果能够通过节奏、落点、旋转的变化，给对手制造难题，使其打得别扭，降低回球质量，或者产生失误，自己就是"上风球"。

以前我总觉得，临场发挥不好也没有关系，如果每次只能发挥出 80% 的水平，那就争取平时积累到 125%，这样即使打了折扣，也是 100%。

但是，参加过几次乒乓球比赛之后，我改变了想法。

我们跟专业运动员不一样，只能利用课余时间来练球，时间宝贵，精力有限，比赛机会更是难得。与其增加训练时间与强度，不如在现有训练的基础上，想办法提高自己的应变能力，打出聪明劲儿，在实战中正常甚至超常发挥。

这就是"学以致用"，需要夯实基础，更需要实战经验。

要抢占先机。 每场比赛开局的时候，不要抱着"我要大杀四方，干翻对手"或者"我要全力以赴，赢得比赛"的想法，而要想着"我要把开局打好""我要减少失误""我要趁着对手还没反应过来先得上几分"，这样有助于快速进入状态。这就需要对我们平时的训练内容进行微调：多练发球、接发球，抢攻，多打比赛，多练 10 比 10 平之后的"关键球"。

要知己知彼。 比赛开始之后，要注意观察对手，尽快发现自己的相对优势在哪里，对手的薄弱环节在哪里，是上旋球还是下旋球，是正手位还是反手位，是台内、近台，还是中远台？然后，再根据自己的观察，有针对性地进攻。这一招不灵也没关系，还可以把自己练过的技战术都用一遍，寻找突破口。

要变化多端。 应该主动把握比赛节奏，而不是被对手牵着鼻子走。打得顺时，要乘胜追击，在气势上压倒对手，不管领先多少分，只要比赛没有结束，自己就不能松懈。打得不顺时，不妨放慢节奏，利用捡球间隙，冷静下来想一想，尽快调整状态。而且，如果一种

大学怎么过

打法被对手适应而无法继续得分,就要及时更换,不能头脑僵化,一种战术从头打到尾。

要密切合作。进校队以前,我只参加过女子单打比赛,很少有机会参加女子双打或者男女混合双打比赛。因此,关于双打的跑位与战术,我完全是"从零学起"。教练和队友告诉我,双打不是打完这一板就完事了,而是要集中注意力,把搭档打出来的那一板也当成是自己打出来的,仿佛与搭档融为一体。在赛场上,要和搭档多多交流、互相配合,才能起到"1+1>2"的效果。尤其是,当我感到紧张的时候,搭档就拍拍我的肩膀,说些鼓励的话,甚至逗我笑一笑,帮助我调整状态,放松心情。

经过努力,我终于迎来了自己在乒乓球赛场上的"转折点"。

2013年底,教练带着我们六名队员,赴山东潍坊参加全国大学生"阳光体育"乒乓球混合团体比赛。我们总共打了五场比赛,我四胜一负,帮助队伍获得了一等奖。打完比赛回来,撰写总结的时候,我蓦然发现,自己的收获,不只在技战术层面。

我最大的收获,是开始理解"球风"的意义——"球风"包括"风采"与"风格"。

所谓"风采",指的是打球的精气神:技战术的使用,关键球的处理,领先的时候喊一喊,落后的时候缓一缓,都需要一种精气神——自信、坚定,永不言败、永不服输。做事可以低调,为人应当谦逊,但是,只要走上赛场,就要有"冠军相",有"舍我其谁"的霸气,相信自己就是最棒的!

所谓"风格",则是打比赛的胸襟气度:面对自己的失误,面对暂时的不顺,面对对手的"运气球",都要及时调节心态,尽量保持淡定,避免受到干扰。要有进取心、求胜心,但又不能用力过猛、焦虑过度;要有责任感、荣誉感,但也要实事求是、量力而行。

值得一提的是,打比赛的间隙,我也观摩了山东某乒乓球俱乐部的专业运动员参加训练、比赛的场景。这使我对"竞技体育"有了更直观的了解,也看到了自己与专业运动员之间的巨大差距。曾经的我,虽然"半路出家"来打乒乓球,但是,带着校队队员的光环,心里隐约也有一个"体育明星梦"。现在的我,真正理解了"一分耕耘,一分收获"的含义。它使我意识到,和专业运动员相比,我在乒乓球中投入的时间与精力是远远不够的,所以注定难以"业余赶专业"。"体育明星梦"悄然淡去,我更清楚地知道:乒乓球只是我的兴趣爱好,是我愉悦心灵、锻炼身体的方式。而在这看似平淡的过程中,我仍然可以感受到生命的张力、青春的热情和历久弥新的快乐。

|做减法,双肩挑|

本科毕业之后,我被免试录取为硕博连读生,同时开始思考自己博士期间的发展道路。

对于博士生而言,科研当然是重中之重。此时的我,经过本科阶段的尝试与探索,已经明确了自己对科研的兴趣,也希望以此

大学怎么过

作为未来的职业与事业，便决心投入绝大部分的时间和精力于科研当中。

但与此同时，我没有忘记自己从大一入学时就有的愿望：成为一名"双肩挑"辅导员。印象里，那是新生军训期间的一个晚上，我们穿着迷彩服，扎着武装带，围坐成一个圈子，听辅导员教大家唱校歌："西山苍苍，东海茫茫，吾校庄严，巍然中央……"初秋的北京，晚风轻拂，夜色微凉。在悠扬的歌声里，我望着辅导员，仰慕之情油然而生。同样是穿军装、扎腰带，辅导员看上去跟身边尚显稚嫩的同学们就是不一样。于是，一个小小的愿望在我的心底悄然萌生：四年以后，我也要成为一名"双肩挑"辅导员。

"双肩挑"政治辅导员制度是清华的传统。1953年，蒋南翔校长提出并建立了"双肩挑"思想政治辅导员制度，从高年级同学中间，选取一部分政治素质过硬、专业能力突出的学生党员，担任本科生的带班辅导员或者团委等学生工作部门的辅导员，一肩挑政治工作，一肩挑业务学习。因此，清华的辅导员，真正是"从群众中来，到群众中去"，与学生同吃同住、朝夕相处，可以更加及时、深入地了解学生的思想状况，从而见缝插针、更有针对性地开展工作。另外，和大多数高校实行的"专职辅导员"制度不同，"双肩挑"辅导员制度在做好学生思想政治工作的同时，还培养出一大批又红又专、全面发展的学生干部。①

四年的大学时光转瞬即逝。在此期间，辅导员给了我很大的

---

① 孙哲等：《春风化雨——百名校友忆清华》，北京，清华大学出版社，2011。

帮助，也是我学习的榜样。我发自内心地感谢辅导员，也渴望成为"双肩挑"队伍中的一员，将这份力量传承下去。

于是，我向系里提出申请，又通过考核，成为一名"双肩挑"辅导员。按照系里的惯例，辅导员任期为两年。我原本也打算干满两年就专心于学术，可后来由于种种机缘巧合，这一工作持续了将近五年，直到我博士毕业前夕才结束。

2012年秋天，我迎来了自己的第一批学生。虽然按照清华对"双肩挑"辅导员的要求，上岗之前，我也认认真真地参加了辅导员培训，学了一肚子知识，记了两大本笔记，可是，当新生从祖国的四面八方汇聚到清华园，又齐刷刷地在我面前站成一排的时候，我还是感到措手不及：嗬！他们就这样以迅雷不及掩耳之势，走进了我的生活。

他们是来自全国各地的尖子生，我带着他们参观清华园：二校门、大礼堂、图书馆，用相机拍下那一张张洋溢着自豪的青春笑脸。大多数同学是第一次远离父母开始独立生活，我带着他们办理各种手续，到校医院体检、打疫苗，准备军训需要的各种物资，全心全意为他们服务。

同学们也很依赖我，在校园里迷路啦，不知道去哪里买自行车啦，新办的学生卡找不到啦，选课系统登不进去啦，等等，大事小情全来找辅导员。刚开学的一个月里，我每天早起晚睡，干劲十足，内心充满责任感、价值感和成就感。时间一长，我却发现这样不行，新生难以独立，而我也疲于奔命。

这时候，学生工作组的前辈劝我说："你是'辅导员'，不是'保育员',这些事情学生慢慢都能自己搞定,你不能'包办代替'。"

我有些不服气地说:"可是,我愿意为学生付出,能帮他们一点是一点嘛。"

前辈说:"这未见得是好事。你不就是怕学生犯错误、走弯路吗?可是,从长远来看,错误是迟早会犯的,弯路也是必须要走的。"

我仔细一想,觉得前辈说得有道理。我不能以"为学生好"为名,剥夺了同学们接受锻炼的机会,毕竟学生时代的"试错"成本最低。于是,我逐渐开始放手,只引导,不代劳。事实证明,经过一小段有点混乱的"适应期"之后,同学们很快就变得独立起来,最终发展得都很好。

辅导员的重点工作内容之一,是引导同学们参与班集体建设,在集体中成长。

上岗培训时,授课教师为我们分享了开展"集体建设"工作的经验和方法。他们说,虽然每个班级都有自己独特的风格,但是,优秀的集体通常具备一些共同的特质,启发我们对此展开思考。

于是,我开始琢磨:优秀的集体具有哪些特点?

我从自己的亲身经历出发,我所在的四个集体:班级、"思源八期"、国旗仪仗队、乒乓球队,都非常优秀,充满凝聚力和向心力。那么,对我而言,它们有哪些不同之处呢?

在班集体中,我们自始至终"当家做主"。每个同学都实实在在参与到班级建设当中，为集体出一份力。以我自己为例，我先后当过班长、生活委员、体育委员，还有多门专业课的课代表，付出了心血，也投入了热情；服务了同学，也收获了友谊。因此，我心里始终充满对班级的责任感和朴实的"亲情"，特别希望能为集体多做一点事。

在国旗仪仗队，我们有着强烈的"彼此认同"。国旗仪仗队是一个纪律严明、令行禁止的集体，我们苦中作乐，并以此为荣，内心充满了自豪感。我们都曾穿着军装在校园里"招摇"，或者在走路时，突然来上一段齐步换正步、正步换齐步，即使退役很久，仍然深深眷恋。一位老队员说："强健的肌肉、笔直的筋骨和挺拔的姿态，是我们身上脱不掉的军装。"所以，我对国旗仪仗队始终怀有一种热血沸腾、汹涌澎湃的"激情"。

在乒乓球队，我们有着明确的"共同事业"。我们的每一次训练，每一分辛苦，都是为了提高技战术，为清华争荣誉。绝大多数时候，我们都是面对球台、认真训练，乒乒乓乓的声音代替了一切语言，偶尔的加油喝彩、心得交流也显得十分简短。训练结束后，大家相约一起去食堂吃饭。其间所谈话题，也多与乒乓球有关，或者谈谈最近练球的感受，或者聊聊兄弟院校的对手。但是，因为有了高度一致的追求目标，身在乒乓球队的我们，早已结下肝胆相照的"战友情"。

在"思源八期"，我们则是八仙过海，"各尽所能"。这里有优秀的辅导员，还汇集了一批来自不同院系的同学，整个集体阳光快乐、积极向上。毕业前，我们嘻嘻哈哈地合影，开玩笑说："苟相

大学怎么过

忘，勿富贵！（由'苟富贵，勿相忘'改编而来）"毕业后，我们讲"聚是一团火，散作满天星"，不管天南地北，无论天涯海角，始终心心相印、彼此祝福。正如舒婷的诗句，"你在我的航程上，我在你的视线里"。

这是集体带给我的宝贵财富，也启发我作为辅导员，引导同学们从四个方面入手，进行集体建设。

第一是"当家做主"，建立甘于奉献、有战斗力的班委会。

通过"民主投票"选举出班长、团支书和班委会成员，充分发挥学生党员的模范带头作用，调动班级骨干的积极性，为集体出谋划策，服务同学。开学初召集班委会碰头，制定本学期的工作计划，为每项活动安排一位负责人，分工明确，团结合作。充分发动一批性格外向、活泼开朗的"灵魂人物"，带动同宿舍或者关系密切的同学，积极参加集体活动，再"由点及面"，辐射到整体。

第二是"彼此认同"，设立突出班级特点、展现集体形象的标识。

设计一个反映专业特色的班徽，定制印有班徽的卫衣、T恤或者围巾，提出一句能够展示同学精神面貌的口号等。众所周知的那句口号"从我做起，从现在做起"，就是由工程化学系（后改为化学工程系）1977级2班同学们提出的，与清华校风"行胜于言"相得益彰。随后的1979年12月6日，《中国青年报》以《搞四化要"从我做起，从现在做起"》为题，在头版头条上进行了报道，这句口号于是传遍全国各地，响彻大江南北，成为时代最强音。

第三是"共同事业"，树立全班同学认可、愿意一起为之奋斗的目标。

参加无偿献血、校园义务讲解、敬老院慰问等志愿服务,农民工子弟学校支教、专业调研等社会实践,参加新生运动会、跳大绳、篮球赛、足球赛等以班级为单位的集体项目。这样既可以增加同学们相处和交流的机会,加深感情,用时间构筑"爱"的城堡;也能促使大家同心同德,同舟共济,团结一致为集体的目标而努力。

第四是"各尽所能",充分挖掘每个同学的特长,使之在集体中发扬光大。

一名来自先进班集体的同学讲过这么一个故事:班里有一名男生,平时性格内向,低调沉稳,却在一次为同学们自编自导的"情景剧"主角配音时崭露头角、大放异彩,从此成为院系"学生节"晚会上班级节目的"御用配音"。还有一名女生,来自教育欠发达地区,因为成绩暂时落后而有些自卑,却很有绘画的天赋,于是承包了班里的全部宣传任务,工作做得有声有色,人也变得自信了许多。其实,每个人都是一匹"千里马",关键是要有"伯乐"。好的集体,应当成为这样的"伯乐"。

辅导员的重点工作内容之二,是"深度辅导",与学生一对一进行谈话。

"新手上路"阶段,我因为缺乏经验,一时觉得难以入手,摸不准学生的思想动态,也不知道同学们到底在想什么、想跟我谈什么。

为了和同学们"有话可说",我查阅了报刊和书籍,请教了前辈与同行,提前制订了一份"深度辅导"计划,结合大学生群体在不同阶段的特点，有的放矢地找学生谈话。大一，主要了解学生的适应情况，作息时间是否合理、宿舍关系是否融洽；大二，关注成绩暂时落后的学生，帮助他们疏导学业压力、量身定制学习规划；大三，加强专业教育，加强学风建设，丰富课外活动，促进全面发展；大四，引导学生完成职业生涯规划，鼓励大家立大志、明大德，上大舞台、做大事业，在适合自己的岗位上奉献青春力量、实现人生价值。

与此同时，我还自学了心理学、教育学的相关知识，定期参加学校为辅导员开设的各种培训课程，并专门准备了一个记录本，每次与学生谈心之后，都会记录主要内容。比如，我说的哪些话，好像对学生有所触动；哪些话，学生似乎无动于衷。或者，某位同学现在遇到了什么困难，我打算如何帮助他；某位同学讲了自己怎样的成长经历，我应该如何理解他的内心世界，等等。长此以往，我积累了不少经验，跟同学们的交流也逐渐变得顺畅起来。

在进行"深度辅导"的过程中，我慢慢体会到，每个人在成长的道路上，都会遇到各种各样的困难或者问题，这时候，不仅需要克服困难、解决问题的具体方法，还需要来自他人的情感支持，包括理解、关爱、鼓励、陪伴、见证等。有时候，一句简单的"我理解你的心情"，要比"你应该这样做"更重要。

我又想到，之前在"紫荆信箱"项目组当志愿者，给小同学回信的时候，我没有意识到这一点，面对来信中诉说的烦恼，总是急于出手，或者分享个人的经验，或者提出可行的方法，却在无形中忽略了对小同学的情感支持。我为此感到遗憾和抱歉。

这时候，我发现，在自己的内心深处，"感性"的力量开始萌芽了。

其实，我是个感情丰富而细腻的人，平时在课外书或者影视作品中看到感人的片段，总会受到触动，心潮澎湃，甚至潸然泪下。但我又是一个性格内向而害羞的人，喜欢将自己炽热的感情藏在心底，默默回味而不愿示人。同时，经年累月的理科学习与科研训练，又使我习惯于使用"理性"思维，遇到事情的第一反应便是分析、判断，眼里只有"事"而少有"情"，不知不觉地隔离了"感情"与"感受"，忽略了"感性"思维的部分。这样的思维习惯，也许对短期的学业有所帮助，却不利于长远的发展。

于是，我停下匆忙的脚步，在师长和朋友的帮助下，开始关注自己的喜怒哀乐、爱恨情仇，并对自己此前20多年的成长历程加以反思，将禁锢在我内心深处的"小天使（正面的情感）"与"小魔鬼（负面的情绪）"解放出来，整合成一个全新的、更加成熟的自我。

后来，我接受了清华大学学生学习与发展指导中心的邀请，经过一系列的专业训练，成为一名学业咨询师。

回想我做学业咨询的初衷，一方面是对"学习"与"发展"过程中呈现的客观规律感兴趣，希望通过与同学们的交流来积累经验，总结规律，提炼方法，从而为他们指点迷津，排忧解难；另一方面则纯粹为了满足我的好奇心："咨询"是如何通过看似简单的对话来建立一段信任关系，促进个体成长呢？

"咨询"是"听"和"说"交互的过程。

对我而言，"听"的训练并不难。我向来少言寡语，对内思考

大学怎么过

多,对外表达少,属于"大耳朵、小嘴巴"的典型。再加上我对来访同学的所见所闻、所思所想都感到好奇,所以总能安静而耐心地听下去,很少打断对方的叙述。

"说"的训练却不容易。我常常称之为"咨询师的语言"。我从"模仿"开始,先跟着资深的咨询师同行学"说话"。在某种场合下,人家怎么说,我就怎么说,先依样画葫芦,有不懂的地方就记下来,然后与同行讨论,并以此为基础,进行调整,从而延伸与推广。

直至今日,我都深深喜爱"咨询师的语言"。那些话,带着专业的印记,也带着个人的风格。后来,我的个案经验丰富了,咨询水平提高了,"专业的印记"与"个人的风格"反而越来越少、越来越淡,取而代之的,是基于每名来访同学的特点而做出的自然、真诚的回应。那些话,既传递关爱,又启迪思考,从而促进同学们的成长。

做学业咨询的过程中,我更加深刻地体会到,这是一件非常有价值的事情。我与来访同学促膝长谈,听到了他们的烦恼与纠结,也看到了他们的执着与努力。他们和曾经的我一样,不断克服困难,超越自我,勇敢前行在追梦的道路上。我为之感动,并在内心深处,铭记我们共同度过的那些艰难与美好的时光。

值得一提的是,辅导员工作和学业咨询的经历,也成为我对内思考的素材。

我进一步明确了,"学术研究"是我的真爱。即使是做辅导员和学业咨询工作,我也喜欢带着"学术研究"的眼光,格物致知,试图提炼出其中的特点，再通过实践环节进行检验，看看能否类比、推理，从而归纳、总结出具有普适性的规律，以指导其后的工作。

这也给了我根据实际情况加以调整的思路：做事情时，主动加入"学术研究"的成分，从而把原本不那么喜欢和擅长的部分，变得喜欢和擅长起来。

比如事务性工作。除了集体建设和"深度辅导"之外，辅导员还需要完成学生信息统计、资料搜集、成绩排名、奖助学金评定等各种事务性工作。我一度觉得麻烦，后来想到，这些工作也是分内之事，与其跟自己别扭，不如想办法开心而高效地完成。于是，我尝试用"项目管理"的方式来统计信息、搜集资料，编写了简单的程序来计算学生的成绩排名，还在奖助学金评定的环节中增加对同学们写作与演讲能力的训练，在做好事务性工作的同时，也起到了"育人"的效果。

比如组织学生活动。每年12月，学校都会举办"一二·九"歌咏比赛，由各院系辅导员组织学生参加。轮到我所带的年级时，我请来系里德高望重的老教师担任指挥，又安排一名同学钢琴伴奏，两名同学领唱。在此过程中，同学中间却出现这样的声音："咱们系女生太少，再努力也很难评上奖。""每周都要排练，太浪费时间了。""这样的活动有意义吗？""唱唱歌就能传承'一二·九'精神吗？"于是，我查阅了相关的资料，精心地组织了一次班会，带领同学们重温中国近现代革命史，学习"一二·九"精神，讨论个人与集体的关系，讨论"见红旗就扛，有第一就争"还是"但行好事，莫问前程"，也讨论"当注定赢不了比赛时，我们应该做些什么？"

大学怎么过

这样的辩论，不仅促进了同学之间的交流，还促进了大家辩证而深入地展开思考，所谓"理越辩越明"。

这样的例子还有很多。担任"双肩挑"辅导员和学业咨询师的经历，期间发生的种种故事，我从中收获的体会与思考，使我成长，也使我走向成熟。

做辅导员和学业咨询的过程中，我常与同学们探讨，大学生活会给大家带来哪些收获？总结起来有三点。

一是广博学识。这里有图书馆，历史悠久，馆藏丰富，书盈四壁，静心博览必大有所获。这里有各种课程、讲座、论坛，涉及诸多学科范畴，可充分满足好奇心与求知欲。这里更有大师云集、鸿儒荟萃，他们博古通今、学贯中西，使莘莘学子耳濡目染、如沐春风。

二是远见卓识。承担社会工作、志愿服务，可以锻炼综合素质，培养大局观念，提高沟通能力；参与学生社团、文体活动，可以彰显青春风采，丰富文化生活，发展兴趣爱好；开展科研训练、学术交流，可以融会贯通，豁然开朗，求得真知。

三是自我意识。大学校园里，朝气与梦想同在，动力和压力并存，这苦乐交织的学习生活会给年轻的心灵带来巨变，使其拥有更健全的人格和更自由的灵魂，与自己的内心达成和解，与外面的世界和谐共处。

愿每位同学都能度过美好的大学生活，这将成为你一生的财富。

Chapter 3

第三章

我的未来
在何方

仰望星空，也要脚踏实地
取长补短，不如扬长避短
人物访谈，了解职业信息
生涯决策，勇敢付诸行动

大学怎么过

选择与决策是准大学生和大学生群体要面对的重要课题。

填报高考志愿时，是选择文、史、经、管，还是理、工、农、医？本科毕业之后，是直接进入职场，还是继续深造？是留在国内，还是出国留学？这些都关系到个人的未来。而走哪条路，取决于我们的未来指向何方。

感到迷茫的时候，不妨问问自己：当我们结束了学生时代，从象牙塔走向社会的时候，想要从事什么工作？期待拥有怎样的生活？

这就是生涯规划，一个持续的、系统的过程，影响并覆盖我们的全部生命历程。

仰望星空，也要脚踏实地

生涯规划的第一步，是对个人职业兴趣的认知。

在生涯咨询中，我经常使用两种工具帮助来访同学增进对个人职业兴趣的认知。

一是霍兰德职业兴趣测试。由美国职业指导专家约翰·霍兰德（John Holland）根据大量的职业咨询案例和职业类型理论编制而成。

霍兰德认为，个人职业兴趣与职业特性之间有着内在的联系。根据职业兴趣的不同，人格可分为研究型、艺术型、社会型、管理型、事务型、实用型共 6 个维度，每个人的性格都是由这 6 个维度组合而成的。

研究型（Investigative，简称 I）：是思想家而非实干家，抽象思维能力强，求知欲强，肯动脑，善思考，不愿动手。喜欢独立的、富有创造性的工作。知识渊博，有学识才能，不善于领导他人。考虑问题理性，做事喜欢精确，倾向于逻辑分析和推理，不断探讨未知的领域。适合的职业有：科研人员、工程师、程序员等。

艺术型（Artistic，简称 A）：富有创造力，乐于创造新颖、与众不同的成果，渴望表现自己的个性，实现自身的价值。做事理想化，追求完美，不重实际，具有一定的艺术才能。适合的职业有：艺术方面如演员、导演、设计师、建筑师、雕刻家、摄影家，音乐方面如歌唱家、作曲家，文学方面如作家、诗人，等等。

社会型（Social，简称 S）：喜欢与人交往，不断结交新的朋友，善于言谈，愿意教导别人；关心社会问题，渴望发挥自己的社会作用；寻求广泛的人际关系，看重社会义务和社会道德。适合的职业有：教师、心理咨询师、社区工作人员等。

管理型（Enterprising，简称 E）：追求权力、权威和物质财富，具有领导才能。喜欢竞争，敢冒风险，有野心，有抱负。为人务实，习惯以利益得失来衡量做事的价值，有较强的目的性。适合的职业

大学怎么过

有：项目经理、企业领导、政府官员、法官、律师等。

事务型（Conventional，简称 C）：尊重权威和规章制度，喜欢按照计划来做事，细心、有条理，习惯接受他人的指挥和领导，自己并不谋求领导职务。喜欢关注实际和细节情况，通常较为谨慎和保守，缺乏创造性，不喜欢冒险和竞争，富有自我牺牲精神。适合的职业有：秘书、会计、记事员、出纳员、打字员等。

实用型（Realistic，简称 R）：喜欢使用工具从事操作性工作，动手能力强，做事手脚灵活，动作协调。偏好于具体任务，不善言辞，做事保守，较为谦虚。缺乏社交能力，通常喜欢独立做事。适合的职业有：木匠、瓦匠、厨师、技工等。①

二是迈尔斯—布里格斯类型指标（Myers-Briggs Type Indicator，简称 MBTI）。由美国心理学家伊莎贝尔·布里格斯·迈尔斯（Isabel Briggs Myers）和她的母亲凯瑟琳·库克·布里格斯（Katharine Cook Briggs）共同制定，以瑞士心理学家卡尔·古斯塔夫·荣格（Carl Gustav Jung）提出的人格理论为基础。

迈尔斯在荣格的"优势功能""劣势功能""主导功能"和"从属功能"等概念的基础上，进一步提出"功能等级"概念，并为每一种类型确定了其"功能等级"的次序，又提出了类型的终生发展理论，形成四个维度，包括注意力方向、认知方式、判断方式、生活方式。

---

① 资料来源：《霍兰德职业兴趣测试》

注意力方向分为 E 和 I 两大类。

E 表示外倾：与他人相处时精力充沛，行动先于思考，高度热情地参加社交，反应快，喜欢快节奏的生活，通过与他人交往而获得能量。

I 表示内倾：独处时精力充沛，思考先于行动，深思熟虑之后才表达自己的观点，通过内省而获得能量。

认知方式分为 N 和 S 两大类。

N 表示直觉：相信灵感或推理，对概念和理论感兴趣，重视可能性和独创性，喜欢学习新技能，也容易厌倦重复。着眼于未来，留意事物的变化趋势，善于从长远角度来看待事物，喜欢信息的广度。

S 表示感觉：相信确定和有形的东西，对概念和理论不感兴趣，除非它们有着实际的效用。重视现实性和常情，喜欢使用和琢磨已知的技能，留意具体的、特定的事物，进行细节描述，循序渐进地讲述有关情况，着眼于现实，喜欢信息的深度。

判断方式分为 T 和 F 两大类。

T 表示思维：退后一步思考，对问题进行客观的、非个人立场的分析，重视符合逻辑、公正、公平的价值，有时被认为冷酷、麻木、漠不关心，被"获取成就"所激励，很自然地看到缺点，倾向于批评。

F 表示情感：超前思考，考虑行为对他人的影响，重视同情与和睦，被认为感情过多，缺少逻辑性，软弱，被"获得欣赏"所激励，惯于迎合他人，着重维护人脉资源。

生活方式分为 J 和 P 两大类。

J 表示判断:建立目标,准时完成;愿意知道将要面对的情况,着重完成任务,满足感来源于完成计划,把时间视为有限的资源,认真对待最后期限。

P 表示知觉:不断改变目标,喜欢使用新情况,着重完成工作的过程,满足感来源于计划的开始,认为时间是可更新的资源,而且最后期限也是可以变化的。①

除了霍兰德职业兴趣测试、MBTI 之外,还有不少心理测评工具也可以用来增进自我认知,如九型人格测试(Enneagram)、艾森克人格问卷(Eysenck Personality Questionnaire,简称 EPQ)、托马斯国际行为测评(Personality Profile Analysis,简称 PPA)等。这些工具通常使用规范化的量表来完成,被广泛应用于生涯咨询。

在生涯咨询中,我还喜欢取材于来访同学的实际生活,回首过去,聚焦当下,关注他们在实际生活中的感受,并加以梳理、分析,得到更直观的认识和更全面的信息。

我经常引导来访同学思考一个问题:你还记得自己童年的理想吗?

中小学阶段,我们肯定都在心里想过,也经常被长辈问到一个问题:长大了想干什么?

---

① 资料来源:《天资差异》

这个问题看似简单，却可以反映出很多信息，是自我认知的鲜活素材。

以我自己为例。

刚上小学时，我的理想是当老师。有一首名叫《长大后我就成了你》的歌曲唱出了我童年的心声："小时候，我以为你很美丽，领着一群小鸟飞来飞去；小时候，我以为你很神气，说上一句话也惊天动地。"我发自内心地喜爱教我的各位老师，默默渴望着"长大后我就成了你"。

按照霍兰德职业兴趣理论来分析，我想当老师的愿望反映出，可能是"研究型"，钻研、传递知识，博观而约取，厚积而薄发；也可能是"社会型"，帮助、指导学生，桃李满天下，春晖遍四方。

我认为，自己两者兼具。"当老师"的理想，一方面源于我对"知识"的向往，另一方面也源于我对老师的感情和儿童模仿成年人的倾向。

小学阶段，在家长的引导和老师的鼓励下，我阅读了大量课外书，每天坚持写日记，又尝试着写"小说"，逐渐在心底萌生了新的理想：当作家。

按照霍兰德职业兴趣理论来分析，我想当作家的愿望也反映出多种可能性。可能是"艺术型"，追求创意表达，对语言文字本身感兴趣，主要创作诗歌、散文、小说。也可能是"研究型"，喜欢思考钻研，对某一主题相关的写作素材感兴趣，主要创作科普读物、人物传记。甚至，还可能是"社会型"或者"管理型"，关注时事政治，心系社会发展，渴望立德立言，主要创作杂文、檄文、报告文

大学怎么过

学、纪实文学等。

　　当时,我笔下的"小说"完全是自己所经历的校园生活的缩影。之所以梦想"当作家",主要是因为期待未来能有机会接触形形色色的人物,见识大千世界,体验丰富人生。我由此发现自己不仅对"自然科学"感兴趣,对"社会科学"也有着强烈的好奇心。

　　初中阶段,我受到影视作品的影响,又产生了当警察的梦想,幻想自己穿着藏蓝色的警服,仪态端庄、身姿挺拔;步履从容、举止稳健;目光如炬、秉公执法……

　　这个梦想同样值得分析和探讨。

　　"警察"分为不同的警种,包括公安系统的治安警、户籍警、刑警、交警等,还有铁路系统的乘警,法院和检察院系统的司法警等。不同警种的日常工作很不一样,反映出的职业特点也有所不同。如果想当户籍警,就需要每天跟百姓居民密切接触,维护所管辖区的社会治安秩序,反映出的兴趣可能就是"社会型";如果想当交警,就需要查处道路交通违法行为和交通事故,开展道路交通宣传教育活动,反映出的兴趣就倾向于"事务型"。

　　而当时的我,对这些都不感兴趣,一心只想当刑警。

　　那么,是"刑警"工作的什么特点吸引了我呢?

　　不只是"锄强扶弱、伸张正义",也不只是"保卫安全,服务人民"。对我而言,最有吸引力的,是刑事侦查工作本身。

　　影视作品里常有这样的镜头:案件发生之后,刑警第一时间奔赴现场,开展勘查,寻找线索,收集证据,推理犯罪过程。这样的工作状态使我心生向往。

我还上网查询了资料,知道有一位名叫"李昌钰"的刑侦专家,阅读了《神探李昌钰破案实录》系列书籍,了解到他参与鉴识了许多全球重大案件,并对其中涉及的大案要案如数家珍,对"思维科学"也产生了浓厚的兴趣。

岁月荏苒,时光流逝。我少年时期那些大大小小的梦想并没有实现,它们在岁月的洗礼中渐渐褪去了当初灿烂的颜色,沉入了记忆的长河。但是,对我而言,它们仍然弥足珍贵。

少年时代给了我宝贵的自由,让我得以仰望星空,浮想联翩;又给了我充足的素材,使我能够脚踏实地,深入了解自己。学识渊博、出口成章的教师,见多识广、才华横溢的作家,明察秋毫、刨根问底的刑警……如果用一个关键词来形容这三个梦想,我会选择"思考"。我对生活中的各种事物都充满好奇,期待深入其中,格物致知。

上大学之后,我做了霍兰德职业兴趣和 MBTI 测试,结果分别是 I>S>A(研究型主导,社会型次之,艺术型再次之)和 INFJ(内倾、直觉、情感、判断)。这与我对自身的观察一致:一方面,得益于长年的理科学习,我擅长对内思考,偏爱理性思维,遇到事情喜欢刨根问底,不想明白不罢休;另一方面,也许是因为从小到大读过很多课外书,我又有着一颗敏感的心灵,使我领略丰富的感情。这和我童年时期的梦想相辅相成,也是我在青年时期进行自我认知的重要依据。

我相信,每个人都有与我同样的梦想经历,不见得想成为教师,也不一定仿同李昌钰,但是,梦想寄寓的,一定是某种职业类型。

大学怎么过

于是,今天,在回顾了过往之后,我们仍可以聚焦于当下,再问自己:

你最欣赏、崇拜或者敬佩,甚至想要成为的三个人物是谁?

他们身上分别有哪些特质吸引了你,使你心生向往?

这些特质的共同点是什么,对你关于个人职业兴趣的认知会有怎样的帮助?

我曾经用这三个问题问过很多同学,发现答案迥异,引人深思。更有趣的是,针对第一个问题,曾经有两位同学给出了相同的答案:周恩来、邓稼先、郎平。

然而,他们给出的解释却很不一样,体现出完全不同的职业兴趣偏好。

L同学认为,"人民的好总理"周恩来,具有崇高的理想、坚定的信念,充满人格魅力,善于处理多方复杂关系,为人民的福祉而奋斗终身,呕心沥血,鞠躬尽瘁。"两弹一星"元勋邓稼先,舍小家为大家,甘当无名英雄,冒着酷暑严寒,默默无闻地坚守在飞沙走石的戈壁试验场,为国防事业做出了卓越的贡献。而"铁榔头"郎平,则凭借过人的天资与锲而不舍的精神,不仅在运动员时期取得了辉煌的成绩,还作为主教练带领中国女排问鼎奥运冠军,向世界展示中国力量。他用"影响力"来总结以上三个人物特质的"共同点",而自己也渴望成为这样的"有影响力"的人。因此,他选择了创业。

K同学则表示,自己从周恩来、邓稼先、郎平这三个人物的身上，都看到了"智慧"二字，包括周恩来治国理政、为人处事的"智慧"，邓稼先勇于担当、攻坚克难的"智慧"，还有郎平在赛场上指挥若定、运筹帷幄的"智慧"。他崇拜"智慧"的力量，希望自己将来也成为"有智慧"的人。因此，他选择了科研。

再举一个例子。我曾经与一位成绩优异的大一男生交流。从表面来看，他想要咨询的问题是"要不要转系"；但从长远来看，这仍然是职业生涯规划的议题。

他的情况是这样：以高分考入计算机系，但是，经过大半年的学习，发现自己不喜欢这一专业，于是产生想要转系的念头，犹豫了很久，始终难以下定决心，前来咨询。

我很好奇："你是怎么发现自己不喜欢现在的专业的？"

他说："其实我一直就不喜欢计算机，高考的时候，是父母帮我报的志愿，他们说计算机系的就业前景好，收入也很高。"

我问："你当时同意他们的观点吗？"

他说："我觉得他们说得有道理。我周围的同学都说，计算机专业非常热门，录取分数线很高，能报考计算机系的都是'大牛'。我的高考成绩排在全省前五名，不学热门专业太可惜了，就报了计算机系。但是，学了这大半年，我发现自己对这个专业怎么也喜欢不起来。我觉得编

大学怎么过

程特别无聊,每天就坐在那儿写代码,辛辛苦苦写完了还要 debug(调试、除错)……"

我说:"那么,如果不学计算机专业的话,你想转到哪个系?"

他眼睛一亮,回答说:"我希望转到人文学院历史系。我从小就喜欢历史,高中的时候就想选文科,但是父母和老师都坚持要我选理科,所以我就选了理科。"

我有些意外,因为从"计算机"到"历史"的专业跨度很大。但是,我也注意到,当他说起自己"喜欢历史"的时候,满脸都放着光彩。

我又问:"你是怎么发现自己喜欢历史的?"

他说:"我从很小的时候开始,就每天坐在家里读历史相关的书籍。"

我问:"都有哪些历史书呢?"之所以要跟他澄清这一点,是因为在学业咨询中,我发现,有不少同学会把阅读"通俗读物"时感受到的轻松愉悦,误认为是自己对某一学科的兴趣,殊不知"通俗读物"和"专业教材"有着天壤之别。

他说:"小学阶段,我读了《中华上下五千年》和《中国通史》,后来又读了《世界简史》和《全球通史》,觉得都很有趣。上中学之后,我主要读中国史,包括《春秋左传》《战国策》《史记》《三国志》等,闲暇的时候,也会翻一翻《万历十五年》《吕著三国史话》《明朝那些事儿》

之类的畅销书。"

听他这么一说，我感觉很震撼，深深体会到他对"历史"的喜爱之情。

我说："我能感觉到你对历史抱有极大的热情，我好像也被你感染了！但是，你刚才说你对'转系'这件事还有点犹豫，是什么原因呢？"

他说："我喜欢历史，未来也想从事历史学的研究，但是我父母不同意。"

于是，我引导他思考："所以，是否转系的问题，关乎你的未来生涯规划。我们来探讨一下，你最想要成为的三个人物是谁？"

他先是不假思索地说了两个史学家的名字："司马迁、陈寅恪。"然后，低头想一想，咧嘴一笑，问我说："还有一个是文学作品中的人物，并没有真实存在过，不知道算不算？"

我点头表示可以，愿闻其详。

他就脱口而出："孙悟空！"

这样可爱的回答使我忍俊不禁。我问："为什么想成为孙悟空呢？"

他说："他充满反叛精神，敢于挑战权威！这是我非常羡慕，现在却没有的品质。"

我说："如果你具有了这样的品质，你想要挑战哪些权威？"

大学怎么过

他说:"我父母不同意我转系,他们说,'计算机系就业前景好,收入也很高。'我说,'即使我继续学计算机,将来也不会当码农,我不喜欢编程!'他们就说,'人的想法都是会变的,你现在不想当码农,说不定以后就不这么想了;你现在不喜欢编程,说不定慢慢就有兴趣了。'"

我说:"你对这个观点怎么看?"

他说:"我不同意!我反问他们说,'那要是我一辈子都不想当码农,一辈子都不喜欢编程,怎么办?'他们说不过我,就换了一个话题,说,'你要是转到人文学院,还得降级,之前这一年不就白读了吗?'"

我说:"你对这个观点又怎么看?"

他说:"我不同意!我又反问他们说,'那要是我继续读计算机,明年大二再申请转系,之前这两年不就白读了吗?要是我继续读计算机,本科毕业之后,再跨专业读其他方向的研究生,之前这四年不就白读了吗?要是我继续读计算机,博士毕业之后,再想办法转行做史学研究,之前这九年不全都白读了吗?'他们说不过我,就恼羞成怒,态度强硬地说,'反正就是不许你转系!'可是,我很不甘心,我已经成年了,我不想再像小时候一样,处处被父母控制,我不想再走他们为我规划好的人生道路!我希望自己能像孙悟空一样,来个大闹天宫!"

我看出来,事情发展到此,其实已经不只是他转系与否、生涯规划的问题了,而是他能否离开父母的怀抱,获得"精神主权"的象征。事实上,父母对他转系这件事并没有实质性的障碍,又不需要父母签字才能申请,他完全可以自己做主决定转系。但是,作为咨询师,我能够理解他的困境:一方面没有胆量先斩后奏,另一方面又不甘心就这样放弃。

我鼓励他说:"是的,你长大了,你现在是自己生命王国的主人了。这一次机会对你来说很宝贵,它不仅涉及你要不要转系,也决定了你能不能为自己做主。这一次,你如果勇敢地坚持了自己的观点,那么,即使没有转成功,比如对方院系不要你,你至少不后悔。以后,当你考虑找一个什么样的女朋友的时候,当你成了家,有了娃,考虑怎么教育孩子的时候,你会很不一样的。因为你已经勇敢地对父母说出了你成长的宣言,你已经可以独立、自信地为自己做决策了。你的未来会很不一样的。"

他低着头,没有说话。许久之后,他抬起头来,表情认真地说了句"长这么大,我也应该当一次孙悟空了",就转身走出了咨询室。

后来,我从学校公示的转系生名单里看到了他的名字——他转系成功了。

很久之后的一天,我在校园里遇到他,得知他现在学历史学得很开心,我也为他感到高兴。事实上,即使他大一没有转成功,大二还可以再申请;即使大二没有转成功,读研究生的时候也有机会;即使他读了计算机的研究生,

大学怎么过

将来还有多种途径转行去做史学研究。因此,这其中的关键在于,要弄明白自己想要的到底是什么。

除此之外,我们还可以跨越选项看未来。

我经常问来访同学的另一个问题是:等你彻底结束学生时代,从"象牙塔"走向社会,你希望那时候的自己过着怎样的生活?

你希望在世界的哪一片土地上定居?

你希望自己住在繁华的大都市,舒适的二、三线城市,还是宁静的小乡村?

你希望靠近父母,承欢膝下,还是笃信好儿女志在四方,独自在外打拼?

你希望从事怎样的工作,充实忙碌还是自由闲适,来回奔波还是稳定安逸,充满挑战还是轻松胜任?

你希望组建怎样的家庭,二人世界还是儿女双全,热情洋溢还是朴实无华,轰轰烈烈还是平平淡淡?

你希望怎样度过自己的闲暇时光,平躺还是运动,读书还是看剧,探亲还是访友,居家还是旅行?

你更看重社会地位、工作环境、发展空间、经济收入、福利待遇中的哪些指标?你愿意为之付出怎样的努力?

……

问题越多越细,答案也就越清晰。而这些问题的答案背后,就是我们的职业价值观。

取长补短，不如扬长避短

生涯规划的第二步，是对个人职业能力的认知。

中考结束之后，我读到了一篇报告文学《四万：四百万的牵挂》，被医疗界传奇人物、著名心血管外科专家刘晓程的故事深深感动。随后，我又上网查阅了希波克拉底誓言，还有特鲁多医生那句著名的"To Cure Sometimes, To Relieve Often, To Comfort Always（有时，去治疗；常常，去帮助；总是，去安慰）"。这使我感到热血沸腾，从而萌生了新的理想：将来成为一名医生，救死扶伤、悬壶济世。

这样真诚而炽烈的理想，占据了我的身心，也转化为强烈的学习动力。

此时的我，已经着手规划自己的未来，就把"中国协和医科大学（2007年正式更名为'北京协和医学院'，简称'协和'）"作为自己梦寐以求的高等学府。后来我得知，"协和"的医学预科阶段在清华完成，就又把"考清华"当成了自己的奋斗目标。

高中阶段的学习不涉及医学知识，相关的课程只有化学和生物学。我就把"当医生"的理想转化为对这两门课程的兴趣，认认真真地学习起来。

我所在的高中，以学科竞赛成绩优异见长。因此，入学之初，重点班的每个同学都会选择参加一门学科竞赛的培训班。我曾经获得全国初中数学竞赛和化学竞赛双料一等奖，加上当时对化学的偏爱，就报名参加了化学竞赛班。

大学怎么过

化学竞赛班的安排是这样的：先花大半年时间，快速学完高中三年全部课程，然后开始学高等化学的部分内容，包括无机化学、有机化学、分析化学、物理化学等。在化学竞赛班里，我像海绵吸水一样汲取着各种知识养料，学得轻松自如，期中、期末考试的化学成绩基本都是满分，还经常给其他同学答疑解惑。这使我备受鼓舞，对化学的兴趣愈发浓厚。

家长和老师发现我化学学得好，大为惊喜，鼓励我继续深入。

妈妈为我买来各种有趣的化学科普读物，兴奋地说："看样子，你这是找到真爱了。"

爸爸也多次表示羡慕："当年我学化学要是学得像你一样好，肯定能考上清华。"

化学竞赛教练更是不吝赞美，坚称我是他教过的众多学生中最具化学天赋的一个，允许我不听课，不写作业，省下时间学习自己感兴趣的内容。

因此，在学习化学的过程中，我感受到的始终是快乐和自信，成绩也越来越好，很快就成为化学竞赛班里的尖子生。

化学学得一帆风顺的同时，我的生物成绩却起伏不定。当时生物考试满分60分，我考过57、58分，也考过45、46分，这样大幅度的波动使我感到困惑不解。于是，我请教了生物老师，又静下心来仔细体会，发现生物和化学不一样，前者涉及的知识点更多、更杂，需要在理解的基础上，多花一些工夫去记忆。

为了激励自己学好生物，我常在学习间隙闭上眼睛，默默幻想着自己的未来：我将成为一名医生，晚上挑灯夜战，查阅医学领域的各类文献、资料，遨游在知识的海洋里；白天，我穿着蓝绿色工作服，戴着无菌乳胶手套，捏着柳叶刀或者止血钳，熟练从容地做着外科手术；在我和医护团队的共同努力下，手术成功，患者身体痊愈，精神焕发，脸上露出了幸福的笑容……

每每想到这样的场景，我就心情愉快、满怀期待，学习生物的劲头也更足了。

高三那年，我如愿在全国中学生化学竞赛中获得省级赛区一等奖，被保送清华大学。

但是，"协和"在清华设有医学预科班，却不招保送生。在填报志愿时，我选择了专业相关的"化学生物学基础科学班"，计划先利用大学的第一学期，打好基础，等到第二学期下旬，再申请转专业，进入"协和"。

然而，事情的走向却出乎我的意料。

大一学年秋季学期，我选修了一门名为"普通生物学"的课程。学习过程中，我发现这门课程难度不大、很好理解，但是需要背诵的内容却非常多。这使我感到有些畏惧，也开始担忧转入"协和"之后的学习。于是，我跟"协和"的同学借来医学预科阶段的培养方案，到图书馆翻看了每一门生物课的教材，又设法联系到"协和"的几位学长，咨询了医学类课程的学习体会。调研的过程中，我意识到，生物的学习需要记忆大量的知识，而医学的学习更是有过之而无不及。

这对我而言并非易事。心理学上讲，人的智力包括记忆力、观

大学怎么过

察力、想象力、逻辑思维能力和分析判断能力等多个方面。我认为，自己的观察力、想象力、逻辑思维能力、分析判断能力都不错，而记忆力却不算拔尖。如此看来，在可以自由选择的范围内，我似乎不应该优先选择对"记忆力"要求特别高的专业和职业。

于是，我第一次对自己"当医生"的理想产生了质疑。

大一学年春季学期，我又选修了普通生物学实验课。其中涉及的大部分内容还好，但是，蟾蜍和兔子的解剖实验却使我印象深刻。

我向来胆小，对蛇、蜘蛛、毛毛虫等动物心存畏惧。用蟾蜍做实验时，我感觉还好，故作镇定地使用"双毁髓法"将蟾蜍处死，放进解剖盘，然后按照课程的要求，先观察蟾蜍的屈反射、搔扒反射，再进行解剖，观察其内部结构。等到解剖兔子时，我用"静脉注射空气法"将兔子处死，看着刚刚还活蹦乱跳的兔子，转眼就默默无声地躺在解剖盘里，我像是被狠狠打了一拳，说不出有多痛。再加上周围血腥味弥漫，我觉得头晕目眩、心跳过速，几乎要昏倒了。我拼命压抑着不适的感觉，咬牙坚持做完了实验。换衣服时，我才发现身上的白大褂都被冷汗浸透了，后背湿了一大片。

这件事给我带来的，不仅是身体的不适，更是心灵的冲击。此后相当一段时间里，我都在思考：自己到底适不适合"当医生"呢？

我查阅了心理学的相关资料，知道记忆力可以通过训练加以改善，也知道"恐惧"可以通过暴露治疗、系统脱敏等方法来克服。但是，我又不确定这样逆水行舟、迎难而上是否值得。

著名的"木桶原理"说，盛水的木桶由多块木板箍成，盛水量也由这些木板共同决定。如果其中一块木板很短，那么木桶的盛水量就会受到限制。所以，一个木桶无论多高，盛水的高度总是取决于其中最短的那块木板。

在中小学阶段，如果学习出现"偏科"，老师就会督促我们尽快补齐"短板"，以免影响考试总成绩。大学阶段，人生变得多元起来，"全面发展"不再是唯一的评价标准。因此，我们无需执着于将"短板"补齐，也可以选择忽视"短板"，重点发展自己的优势，使"扬长避短"成为一条成功新路。

经过慎重考虑，我最终放弃了转"协和"的愿望和"当医生"的理想，而是选择了自己同样热衷，却更为擅长的化学专业，并在随后若干年的课程学习和科研训练过程当中，进一步强化了自己"研究型"的职业兴趣偏好。

再举一个例子。在学业咨询中，我曾经接待了一位来自工业工程系的大四女生。她打算在本科毕业之后，到国外去深造，正在考虑要不要跨专业读研究生。父母不同意她的选择，她自己也感到有些犹豫。我们展开了如下对话：

> 我说："父母希望你走什么样的道路？你自己想走什么样的道路？"
>
> 她说："父母希望我继续读工业工程方向的硕士，毕业之后到大公司里当产品工程师。可是，我想学艺术，我从小就喜欢画画，我想当画家！"
>
> 我说："好，我们先来想象一下：假如你60岁退休的

大学怎么过

时候,回首这一生,你成为了一名出色的产品工程师,打算用哪个关键词来形容自己的职业生涯?"

她说:"我觉得应该是'稳定':稳定的工作,稳定的收入,还有稳定的社会地位。"

我说:"假如你60岁退休的时候,回首这一生,你成为了一名出色的画家,打算用哪个关键词来形容自己的职业生涯?"

她说:"那肯定是'勇敢'!"

我说:"好,以上这两种结果都是美好的。那么,我们再来想象一下:假如你60岁退休的时候,你仍然是一名平凡的产品工程师,你的孩子问你说,'听说您从小就喜欢画画,却没有学艺术,到今天您会不会感到遗憾?'那时候你打算怎么回答?"

她说:"我会告诉孩子,'没关系,妈妈以前不是经常带你去看画展吗?'"

我说:"假如你60岁退休的时候,你仍然是一名平凡的艺术工作者,你的孩子问你说,'听说您当年不顾我外公外婆的反对,坚决学了艺术,到今天您会不会感到后悔?'那时候你打算怎么回答?"

听我这么说,她的表情黯淡了。片刻之后,她说:"……如果我只能在中小学里当美术老师,或者给低水平的杂志画插图,这太惨了吧,我不能接受。"

我说:"那么,你现在对这两个选项怎么看?一个是可以用业余生活享受艺术的产品工程师，另一个是郁郁不得志的艺术工作者，你选哪个？"

她想了想，说："那我还是继续学工业工程吧。"——这就是她做出的选择。

如果当时，她很坚定地对我说："我就是想学艺术，即使永远成不了画家，我也享受画画的过程！"那就另当别论了。

我会继续跟她探讨："你打算为跨专业申请研究生做哪些准备？"

她可能会说："我需要报个培训班，系统地学习一段时间的绘画；我需要选修一些相关的课程，阅读一些专业的教材……"

我就会继续问："和继续申请工业工程专业的硕士相比，跨专业申请研究生，你需要付出几倍的努力？以你对自己的了解，有多大的概率能够付诸行动？"

如果她说："即使需要付出三五倍的努力，我也一定能够完成！"那就值得尝试。

但是，如果她说："我觉得还是太困难了……"那就说明"学艺术"对她的吸引力并不像她想象得那么强大，至少不足以使她克服困难、提高能力，那么，果断放弃、及时止损也不失为一种明智的选择。

以上例子是想说明，我们在探索个人兴趣偏好的同时，也要考虑自身的实际能力，不断澄清、调整，最终找到一个自己感兴趣、能胜任的理想职业。

一方面，能从事自己感兴趣、能胜任的工作，是人生一大乐事。但同时，我们也要意识到，这样的机会往往是可遇而不可求的。相比于兴趣，能力是择业的砝码，更是就业的基础。因此，大多数情况下，我们只能退而求其次，选择自己可接受、能胜任的职业。

另一方面，兴趣是可以慢慢培养的，有人"爱一行、干一行"，也有人"干一行、爱一行"。所谓"兴趣"，指的是个人对研究某种事物或者从事某项活动而表现出来的积极的心理倾向性，只有一小部分人的兴趣是与生俱来的，而绝大多数人的兴趣则是后天发展而来的，会因为各种主客观因素而发生变化。研究表明，人们总是倾向于对自己擅长做的事情产生兴趣，又在做事情的过程中，获得正反馈和成就感，进一步滋养兴趣，形成良性循环。

选择职业也是一样：有人最初是因为"感兴趣"，也有人只是觉得"不反感"。入行之后，付出时间、取得进步、有成就感，逐步形成稳定、持久的兴趣，进而与自己的发展前景、奋斗目标相结合，最终形成有着明确方向性和意志性的"志趣"，成就一番事业。

和"兴趣"相比，"能力"的"绝对值"通常是稳定的，而且随着不断学习，会呈现螺旋式上升的态势，而能力的"相对值"却是动态变化的。如果用"相对值"来评估自己的能力，就可能受到周围人的影响，从而感到困惑。

曾经有一位博士生学弟来找我聊天，与我探讨自己的生涯规划，即，博士毕业之后，要不要从事与科研相关的工作。我们的对话就此展开。

学弟说："我希望能做自己特别擅长的事情，所以，我只有确认自己的学术能力很强，才能下决心继续做科研。"

我说："你如何定义'特别擅长'呢？你要怎样才能确认自己的学术能力很强呢？"

学弟说："比如，自己的学术能力在同年级、同专业的人里面，排到前5%。"

我说："你怎样评估自己的学术能力呢？是凭借主观感觉，还是凭借客观依据？"

学弟说："都有。主观感觉，是我对自己的学术能力的认知；客观依据，则是我取得的学术成果。我选择继续做科研的前提是自己能够始终保持在前5%，否则就果断退出，转行做其他的事情。"

我跟学弟的关系向来很好，平时也经常针对各种问题开展"唇枪舌剑"的辩论。于是，我直言不讳："首先，学术能力很难量化评估，即使你们属于同一专业，不同研究领域的学术成果的数量多少、水平高低也都不具有可比性，你如何能够确认自己在同年级、同专业的同学里面，排在前5%呢？其次，大家都处于不断成长进步的阶段，学术能力也是动态变化的，即使你现在确认自己是前5%，半年之后你又可能不是了。那么，这样的评估对你而言有什么意义呢？再者说，你所说的'转行'是没有时

大学怎么过

间节点的,这就意味着,在未来若干年内,你将始终处于评估状态。那么,这样的评估,对你而言,又有什么指导性呢?"

听了我的话,学弟并没有恼火,而是沉默了许久,然后对我说:"学姐,你的意思是不是说,'学术能力始终在同年级、同专业的人里面,排到前5%'这个指标不应该作为我'是否继续做科研'的前提?"

我点点头,说:"是的。你可以说:在某一时刻——比如博士毕业前——你评估一下,认为自己的学术能力达到某种主客观标准,就下决心继续做科研,并且未来沿着这条路一直走下去。但是,如果你要求自己的学术能力'始终'保持在同年级、同专业人群中的前5%,这就很难实现。"

学弟说:"那我总应该根据自己的'能力'来选择适合我的工作吧?"

我说:"我非常理解你的想法,我们也确实应该在职场中发挥自己的特长。但是,我认为,只要能力的'绝对值'达到一定标准即可,而不能要求其'相对值'如何。因为后者的影响因素很多,并不是完全由我们自己决定的。我们可以有底线,如果有一天真的发现自己不适合现有的行业,就果断退出。但是,我们不能做'骑墙派',始终关注'竞争'而非事情本身。那样的话,也许会消耗太多的心理能量,导致自己越来越力不从心。过分关注'竞争'的结果,就只剩下疲惫的身体和空虚的心灵。"

在未来发展的道路上，我们需要明确目标，积极进取；也需要但行好事，莫问前程。

清华大学化工系校友、"人民英雄"国家荣誉称号获得者、中国工程院院士、中国军事医学研究院研究员陈薇少将，曾经应邀回到母校，在研究生毕业典礼上，作为校友代表发言。她向同学们讲述了自己硕士毕业时，婉拒大公司的高薪岗位，不顾亲朋好友的反对，毅然选择携笔从戎、扎根军营、艰苦奋斗的故事。

她说，一个人的职业选择如果能与国家重大需求相结合，结合得越紧密，得到的支持越大，发展的空间越大，个人才华就能充分得以展示，个人价值才能被高倍放大。

她还说，成功的人，往往是目标不变，方法在变；而目标在变，方法不变的人容易受挫折。如果一个人20多年坚持一个研究方向，专注做一件事，只要方向正确、方法得当，换了谁都一样会成功。

那是2012年，我刚开始读博。从新闻里听到这段话，大为触动，将其抄在日记本上，时不时拿出来读一读，想一想，勉励自己在学术研究的道路上，不忘初心，砥砺前行。

| 人物访谈，了解职业信息 |

生涯规划的第三步，是了解各种职业的相关信息。

在择业过程中，要尽可能通过各种渠道，搜集多元、全面、真实、准确的信息。网络与现实相结合，理论与实践相结合，专家观

大学怎么过

点与大众口碑相结合,集思广益与实地考察相结合,避免以偏概全,受到误导。

"实习"就是一种高效的实践方式,能够获得职业相关的第一手信息。

比如,有的同学希望将来从事科研工作,不妨先进课题组,在接受学术训练的同时,看看自己到底喜不喜欢做科研、适不适合做科研。又如,有的同学希望将来到党政机关或者企业工作,也可以利用课余时间,到党政机关做调研,或者到企业做实习,了解相关岗位人才的从业环境、工作状态,毕竟"纸上得来终觉浅,绝知此事要躬行"。

如果没有机会切身体验,至少也要进行"生涯人物访谈",掌握较为准确的信息。

我曾经与三位分别在重点高校、党政部门、企业工作的校友交流,对他们进行"生涯人物访谈",了解相关的职业信息。

首先,我访谈了一位来自某985高校的教师,了解教研系列的高校教师的应聘流程、工作情况等。现将我们的对话整理如下,供读者参考。

关于应聘流程的提问:作为博士毕业生或者博士后,怎样才能成为一名高校教师呢?

回答:按照职能的不同,高校教师分为不同的系列,包括教研、科研、教辅、管理系列等。教研系列需要承担教育教学、学术研究两部分工作,科研系列主要从事学术研究工作，教辅系列主要是实验技术人员，而管理系列主要从事机关工作。

下面，我以教研系列为例，详细介绍一下应聘过程。985高校主要面向博士毕业生和博士后群体招聘教研系列的教师，会在学校网站上发布相关的岗位招聘信息。假设你对某所高校感兴趣，可以先看看其院系设置。找到合适的院系之后，再关注学科发展情况与自己的期望是不是相符，相关研究方向与自己的专业是不是匹配。你如果发现某所高校的某个院系适合自己，可以主动"出击"，将自己的简历发给院系主管部门。对方如果感兴趣，就会安排面试，请各位教授来评审。面试流程一般是这样的：首先，你需要介绍自己的教育经历、研究方向和学术成果，谈谈对未来工作的打算，包括能讲授哪些课程，打算在什么领域做研究等，一方面展示个人实力，另一方面也表达自己的想法。接下来，评审专家会轮流对你进行提问，之后闭门讨论、投票，通过以后，安排教学试讲环节，合格者由院系上报学校负责人事工作的部门，再进行跨学科评审，决定是否录用。

关于工作内容的提问：入职之后，要做些什么呢？

回答： 高校一般会在新学年刚开始的一段时间，对新入职的教职工进行集中培训，包括师德师风教育，也会介绍学校的基本情况、历史沿革、传统文化等，然后就是面向不同系列的教职工，开展更为专业的培训。

还是以教研系列为例。关于教学的培训，一般先是宏观层面的培训，然后是具体方法的指导。作为一名新教师，确定要讲哪一门课之后，可以先观摩或者助课，看看老教师是怎么讲课的，这里面很有学问。大学的教学是具有学术性的，教师应该研究并掌握其中的规律。首先是教学设计，大到教学目标与日历、课程大纲与教材、考试内容与形式，小到每堂课要讲哪些知识，提什么问题，留多少作业，有没有讨论、实验等环节，等等。然后要备课，根据教学大纲，对照教材内容，准备课程教案、讲义。刚开始讲一小时的课，需要花费五小时左右的时间来备课；后来熟练了，有经验了，再逐渐加快速度、提高技能。

讲课技能的提高，除了要熟悉教学内容，理清相关知识点，适当拓展以外，语言表达要清晰，声音抑扬顿挫，突出重点，充分调动学生听课的积极性，激发兴趣、引导思考，还要注意把握讲课节奏，不能出现空白时间，也不能"拖堂"，最好达到"下课铃响，画上句号"的境界。

除了教学培训之外，教研系列的老师也要接受科研培训。在高校做科研，需要申请课题，包括"横向课题"和"纵向课题"两部分。"横向课题"是各级政府职能部门、企事业单位、社会团体等委托研究的课题；"纵向课题"则是各级科技主管部门或者机构批准立项的课题。除了学校给新教师匹配的启动经费之外，科研经费主要源于这些课题，同时需要按照一定比例交给学校作为管理费。新入职的教师，如果符合一定的要求，可以申请硕士生导师、博士生导师资格，然后就可以招收研究生，指导学生做课题了。具体如何推进课题，你们在博士、博士后期间肯定会有所涉猎，此处就不再赘述了。

整体而言，我认为高校教师的薪资水平和福利待遇都不错，工作环境也比较宽松自由，适合静下心来做科研，也能够体会到教书育人的乐趣。作为教师，每天走在校园里，与青年学生朝夕相处，看到他们朝气蓬勃、积极向上，自己的心态也会变得年轻起来，和他们一起不断进步，活到老、学到老。虽然现在部分高校会对青年教师有业务考评的要求，甚至有"非升即走"的制度实行，但是，从某种意义上来说，这也是一种鞭策，鼓励大家努力工作，为祖国培养年轻一代的人才。

随后，我又访谈了一位在党政机关工作的长辈，纪要如下。

关于应聘流程的提问：作为应届毕业生，怎样才能进入党政机关工作呢？

回答：党政机关工作人员招录，一般要求具有大学专科以上学历，有些单位会根据岗位，提出专业或者技能方面的要求。要想进入党政机关工作，首先要关注对口单位发布的招录信息。如果符合岗位要求和报考条件，就可以上网填报个人信息，资格审核通过之后，参加公务员考试。公务员考试包括笔试、面试、体检、考察等环节，每

大学怎么过

个环节都有一定的淘汰率。其中笔试又分为公共科目、专业科目两种,公共科目为《行政职业能力测验》(简称"行测")和《申论》,而专业科目则由公务员主管部门根据需要来设置。

除了参加公务员考试之外,还可以通过其他途径,进入党政机关工作。比如"选调生",即各省党委组织部门从高校选调品学兼优的毕业生到基层工作,主要作为领导干部后备人选,或者县级以上党政机关高素质工作人员,进行重点培养。还有"三支一扶"人员(从2006年开始,每年招募两三万名大学毕业生到乡镇从事为期两年的支教、支农、支医或者扶贫工作)、退役大学生士兵等,在录用上有一些政策倾斜,可以通过考试,进入党政机关工作。

通过公务员考试之后,组织会通过体检、考察,择优提出拟录用人员名单并进行公示。如果公示期满没问题,就按照公务员主管部门通知来单位报到。报到之后,首先参加初任培训,学习党的路线、方针、政策;了解所在单位的情况,包括所属部门有哪些岗位,每个岗位的工作性质、主要职能等;然后就进入各自的岗位,正式开始工作了。

关于工作内容的提问:党政机关工作容易上手吗?

回答:肯定跟在学校的感觉不一样,所以要边干边学。一般的单位都会安排老同志"传帮带",手把手地指导新人开展工作。老同志是经验丰富的"活字典",他们熟悉本单位的实际工作情况,也掌握各种行之有效的工作方法。举个例子，我们都说公务员要会"写字儿"，也要会"办事儿"。比如，让你起草一份公文，就可以问问老同志，整体框架如何确定、参考材料怎么整理、具体包括什么内容等；再如，让你处理一件公务，也可以问问老同志，需要联系哪些部门、跟什么人打交道、有哪些注意事项等。

在党政机关工作，基本上都要从头学起，这就要求你一定要端正态度，爱岗敬业，勤学好问，用心钻研。学习工作化，工作学习化，在学中干，在干中学。下得苦功夫，才能求得真学问。在党政机关工作，还要有较强的学习能力和综合素质，能够准确把握国家政策，完成组织交办的各项任务，协调好各种人际关系。

另外，整体而言，公务员工作相对稳定，工资待遇有保障，能满足基本生活需要，但是一般也不会很高。所以说，在党政机关工作，不能急功近利，不能计较一时得失，要有宁静致远、淡泊明志的心态，安稳地生活，本分地工作。同时，在组织需要你的时候，要站得出来、敢于担当。

关于工作特点的提问：在党政机关工作，有哪些注意事项呢？

回答：第一，要遵守工作纪律，服从组织安排。上级交代的任务，要严肃对待，克服困难，哪怕"头拱地"也要保质保量地完成，不能拖延，耽误工作；也不能糊弄，

大学怎么过

敷衍了事。即使你刚开始不适应,一时达不到领导的要求,至少态度要认真,学以致用,勤于思考,日积月累才能把握工作思路和要点,使工作逐渐步入正轨。

第二,要有高度的责任心和上进心,兢兢业业、吃苦耐劳。活儿不是给领导看的,而是给自己干的。活儿干得越多,自己收获就越大,能力提高得就越快。不要挑活儿,要发扬"哪里需要哪里搬"的砖块儿精神,做到"提笔能写,开口能讲,问策能答,遇事能办"。尤其是对于新人来说,初来乍到,领导布置给你的工作可能都是些"小事儿",不要嫌琐碎、怕麻烦,只有把"小事儿"干多了、干好了,才能干"大事儿"。

第三,要树立全局观念,强化整体意识,做好长计划、短安排。机关工作事务多、任务重,天天短平快,年年马拉松。越是在这种情况下,就越是要做好准备。一方面,要提前进行年度、季度规划,做好每月、每日计划,总体把握、分步实施,才能事不过夜、案无积卷,有条不紊地开展工作;另一方面,也要做到信息对称,沟通顺畅,执行有力,反馈及时。

以上是工作方面应该注意的地方,同样重要的还有为人处事方面。在党政机关工作,为人处世一定要正派、真诚、谦恭、厚道。我们过去常说,新人到了单位,要每天早来晚走,主动收拾卫生、端茶倒水、扫地抹桌子,当然这些"形式"只是一方面。关键是要真心尊重前辈,与同事相处融洽,分工不分家,补台不拆台,体谅他人、礼貌待人、乐于助人,和大家保持和谐的工作关系。用一句话来概括,就是要"说实话、办实事、做实在人",你善待别人,别人也会善待你。

我访谈的第三位,是在某中央企业工作的年轻校友,纪要如下。

关于应聘流程的提问:作为应届毕业生,怎样才能进入自己心仪的企业工作呢?

回答:据我所知,不少高校会在9、10月组织大型招聘会,邀请各个企业来作现场宣讲,招聘应届毕业生。因为我早就计划好,毕业之后要到对口的企业从事专业技术工作。所以,从博士高年级起,我就开始关注这方面的信息,包括上网查阅一些资料,跟已经毕业的师兄师姐交流,也找机会去了几家企业进行参观和实习等。博士毕业前,我在自己心仪的几家企业的官网上看到了招聘信息,就按照相关要求投了简历。

企业的考核一般包括笔试和面试两个环节。很多大型国有企业(简称"国企")的笔试着重考察综合素质,题目类似于公务员考试的"行测"等科目,有时候也会考查专业知识。部分国企对名校毕业的硕士、博士免笔试。面试分为单独面试和集体面试两种类型。每个单位单独面试的形式不一样,有的单位只需要应聘者做个自我介绍,加上提问回答即可;有的单位则需要准备一份PPT(英文

大学怎么过

PowerPoint 的简称,即演示文稿)来介绍自己的研究工作。集体面试最常见的形式就是"无领导小组讨论",每场面试一小时左右,竞争比较激烈,如果条件允许,可以提前做一些准备。通过以上考核之后,就可以与企业签约,准备入职了。

关于工作内容的提问:入职之后,日常工作都包括什么呢?

回答:我所在的中央企业(简称"央企")为新人安排了3个月的入职培训,包括熟悉工作环境,了解工作流程,学习相关的法律法规、行业标准和常用工具等。之后,我们被分配到各自的部门,正式开始工作。

我所在的部门主要从事工程设计,采用"扁平化"的管理模式和"项目经理"的责任制度。承接项目之后,项目经理会根据每个项目"甲方"提出的种种要求,统筹规划,安排大家分工合作,按期做出安全、可靠的产品来。

我主要负责其中化工流程设计部分。这与我读博时所学的内容、所做的课题很不一样。一方面,我的工作是以项目目标为导向,更注重"实际应用"而非"理论创新";另一方面,化工流程设计往往以稳定为先,安全运行是第一位,"探索未知"的成分相对较少。所以,我在工作中对自己每一步需要做些什么很明确,细化到每一次与他人进行交接的界面在哪里都很清楚。整体来说,还是比较容易上手的。另外,我们公司的人文氛围比较积极向上,有

"师带徒"的传统，大家平时都在一个大办公室里工作，交流起来很方便。所以，遇到不会的地方，我就会去请教自己的"师傅"，或者查阅一些资料，大多数时候都能得到及时的解决。

说到工作状态，按照公司的规定，我们平时上下班要打卡，每天的工作时间不能少于8小时。就我个人而言，工作节奏主要与项目周期有关。赶上工期紧张、任务繁重，有时候也需要加班，但是平均下来，我觉得工作压力并不大，发展空间也很好。整体来说，我对自己现在从事的这份工作很满意，也欢迎更多的同学加入我们，实业兴国。

做"生涯人物访谈"之前，还可以从行业、职业两个维度来设计访谈问题，举例如下：

行业相关问题示例	职业相关问题示例
您当初是怎样进入这个行业的？	您当初是怎样选择这个单位的？
想进入这个行业，需要拥有哪些能力？	这个单位招聘新人时，看重哪些能力？
想进入这个行业，需要做哪些准备？	这个单位的招聘流程是怎样的？
这个行业的工作内容包括哪些？	您怎样度过一个典型的工作日？
从事这个行业，需要面临哪些挑战？	在这个单位工作，需要面临哪些挑战？
您喜欢这个行业的哪些特点？	您喜欢这个单位的哪些特点？
您不喜欢这个行业的哪些特点？	您不喜欢这个单位的哪些特点？
这个行业如何衡量、评价工作成果？	这个单位如何衡量、评价工作成果？
这个行业的薪酬结构、水平怎样？	如果我进入这个单位，能拿到多少薪酬？
这个行业具有怎样的发展前景？	这个单位提供怎样的晋升空间和路径？
我还可以从哪里获得行业的相关信息？	我还可以从哪些获得单位的相关信息？

大学怎么过

生涯决策,勇敢付诸行动

充分了解自己的兴趣、能力,和不同职业的特点之后,就要面临决策了。

首先,我们需要明确的是,没有十全十美的选项,也没有万无一失的决策。决策是有时限的,不能无限期地拖延;未来是不确定的,人生正是通过每一次决策来承前启后。因此,我们只能基于当下掌握的信息,面向未知的人生旅程去探险。

其次,从个人的成长历程这方面来看,独立做决策是人生真正的"成人礼"。这是因为,人们并非生来就会做决策,这种能力是后天习得的,从一次次做出选择、承担后果、纠正错误的实践过程中,得以慢慢提高。

生涯咨询最常用的工具是美国佛罗里达州立大学职业中心开发的认知信息加工理论(Cognitive Information Processing Theory,简称CIP理论)。

CIP理论主要包括两个模型、三个层次和四个要点。

第一个模型是CIP金字塔,底端是"信息层",包括自我认知与职业认知两部分,是我们进行决策的基础。

中间的"能力层"就涉及CIP理论的第二个模型:CASVE循环。CASVE源自于Communication(沟通)、Analysis(分析)、Synthesis(综合)、Valuing(评估)和Executing(行动)五个英文单词的首字母。具体过程包括:识别期待与现实,分析现有的信息,形成可能的选项,进行评估和排序,最后制订计划、付诸行动。如果有需要,可以进行多次循环。

顶端的"信念层",指的是"元认知",即,个人对自己"认知"本身的认知,包括关于"认知"的知识、体验与监控。具体到与"决策"相关的"元认知"就是:如何看待"决策"?

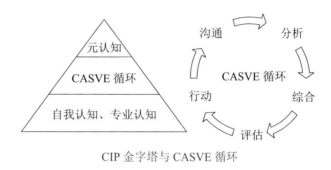

CIP 金字塔与 CASVE 循环

在生涯咨询中,我曾经遇到过这样的来访同学,他们会直截了当地对我说:"你就告诉我选哪个吧,我听你的!"

每当这时,我就会说:"你真的能做到'全然信任'我吗?'全然信任'就是我给你指一条路,你二话不说,回去就按照这条路走下去,但是,将来不管遇到什么情况,都得自己承担后果,不能回来找我算账哦。"这当然是不可能的。每个成年人都需要为自己负责,不可能一直依赖他人。

还有一种情况在同学中间普遍存在,即,对未来的期待过高,想要完美的选择,所以不甘做出决策。这类情况一般比较容易识别,比如"我不想努力学习,还想考出好成绩"或者"我不想参加体育锻炼,还想拥有健康的身体"。有些则不太容易识别,尤其是做决策的时候。比如,同时收到了几家单位的录用函,却迟迟不能确定去

大学怎么过

哪里工作,其实心里想的是"万一还有更好的呢?"这些想法的背后,都存在不合理因素,阻碍了大家做出决策。

还有的同学试图追求绝对的安稳,不想为未来职业生涯的选择承担任何风险,所以也不敢做出决策。比如,"我要有百分百的把握才能做决策,否则心里不踏实"。但是,"决策"本身就带有不确定性,我们可以尽量降低风险,却很难做到滴水不漏。比如,本科毕业之后想申请出国深造,可又担心"万一申不到合适的学校呢?"或者"万一签证办不下来呢?"又如,想去私企工作,却不敢签合同,跑过来问我:"万一两年之后这家公司倒闭了呢?"这时候,我就会半开玩笑地反问:"那万一一年之后你想跳槽了呢?"

所以,在开始决策之前,有两点需要明确:没有十全十美的选项,但我们可以分析每个选项的优势和劣势,然后权衡利弊;没有万无一失的决策,但我们可以将"风险评估"也纳入决策过程,然后运筹帷幄。

那么,如何做出职业生涯决策呢?

首先,要进行"初筛",将职业生涯发展规划的"填空题"变为"选择题",从林林总总的职业里排除掉大多数工作,只保留有可能的几个选项,然后进行"精选"。

"精选"主要包括两个步骤:

第一步,先对每种职业进行分析,这就要用到态势分析法,简称 SWOT。

SWOT 源自于 Strength(优势)、Weakness(劣势)、Opportunity(机

遇）和 Threat（威胁）四个英文单词的首字母。顾名思义，就是分析每种职业的优势、劣势，可能带来哪些机遇、威胁，然后画出 SWOT 矩阵。

画完 SWOT 矩阵，我们可能会发现，有些选项的优势很有吸引力，会带来美好的机遇；有些选项的劣势很明显，潜在的威胁很可怕。

这很可能涉及每个人的行为习惯：是趋利还是避害，是冒险还是保险，是留有余地还是背水一战？也就是说，我们要清楚，哪些选项对应的优势和机遇非要不可，而哪些选项对应的劣势和威胁坚决不能接受。

优势 Strength	机遇 Opportunity
劣势 Weakness	威胁 Threat

SWOT 矩阵

第二步，根据以上分析结果，择出自己心仪的几个选项，绘制决策平衡单。

面对每个选项，首先，列出自己需要考虑的所有因素，比如在物质和精神方面的得失、个人兴趣、能力、社会地位、发展前景等，然后，判断每个因素的权重是多少，每个选项在这个因素方面的得分是多少，最后，加权统计，计算总分。

大学怎么过

考虑因素		权重得分	选项一		选项二	
			加权得分	得分	加权得分	得分
个人物质得失	薪酬水平					
	难易程度					
	作息时间					
	生活方式					
	健康影响					
	其他					
他人物质得失	家庭经济情况					
	家庭地位变化					
	陪伴家人时间					
	陪伴家人方式					
	影响家人健康					
	其他					
个人精神得失	自我实现					
	能否胜任					
	兴趣偏好					
	工作环境					
	发展空间					
	其他					
他人精神得失	父母					
	配偶					
	子女					
	朋友					
	亲属					
	其他					

下面以我自己为例，进行简要分析。

本科期间，我认真思考了自己的职业生涯发展规划，将比较心仪的两个选项："从事化学领域的研究工作"和"从事党政机关的工作"加以对比。

首先,"从事化学领域的科研工作"符合我的个人职业兴趣中"研究型"的部分。我既对"化学"这一学科感兴趣,又对"科研"类型的工作感兴趣。我喜欢获取知识,学以致用;我喜欢探索未知,产生灵感;我喜欢大胆质疑、小心求证,再与世界分享自己的新发现。这些过程对我而言,充满吸引力。我享受这种纯粹而幸福的感觉,发现问题,再解决问题;提出假设,再验证假设。

其次,传道授业、教书育人也可以满足我"社会型"的需求。

但是,我也逐渐了解到,学术道路漫漫,崎岖坎坷,经常是失败多于成功,艰苦多于欢乐。而我能否在科研遇到困难的时候,仍然保持热情,保持对未知世界的好奇心?能否在高竞争、高压力的环境下,不忘初心、坚持创新,而不是疲于奔命、思维阻滞?

这其实是源于我对自己科研能力的质疑。当时的我,刚进入课题组接受学术训练,各方面能力都很平庸,自信心也不足。但是,我转念一想,能力是可以经过训练不断提高的,而我愿意为梦想而努力。

相比之下,"从事党政机关的工作"则符合我的个人职业兴趣中"社会型"的部分。我渴望上大舞台、做大贡献,发挥个人价值,为祖国的繁荣富强而努力奋斗。这也是我的职业价值观,同样值得我谨慎思考、认真对待。

我知道,从政对个人的综合素质和应变能力,都有很高的要求,需要接地气,从群众中来,到群众中去;需要应对各种状况,有灵

大学怎么过

活变通的能力;需要承担风险,每一项政策的制定都关乎民生,而任何一个决策失误都可能会导致严重的后果,真可谓责任重大。这一切都源于广阔的视野、博大的胸襟和丰富的经验,关乎能力,更关乎情怀。

但是,我也发现,这类工作难以满足我对"研究型"工作的强烈渴望,也偏离了我所热爱的化学学科。这一点着实令我感到遗憾。

综上考虑,我决定从事化学领域的科研工作。在这一目标的指引下,我选择了留在清华化学系硕博连读,并由此开始了自己的学术之路,从博士到博士后,披荆斩棘,乐在其中。

在生涯咨询中,我经常对同学们说,没有完美的职业,任何一项工作,一定有被喜欢的部分,也有不被喜欢的部分。那么,如何权衡其中的利弊,从而做出符合自己内心愿望的选择呢?

这就涉及两种决策的思路,一是"趋利",二是"避害"。举个生活中的例子,我在清华读书期间,很喜欢吃食堂的煎饼果子,经常买来当晚饭,这就是"趋利"。但是,我不喜欢葱花的味道,所以如果煎饼窗口的师傅说"今天我把葱花直接加到面糊里了,不能不加葱花"的话,我就只能不买了,这就是"避害"。职业选择也是一样的道理。

要"趋利",就要知道"利"是什么,注意区别"幻想"和"理想"。

"幻想"是水中花、镜中月,是想象出来的美好画面;而"理想"则是以事实为依据,经过努力有可能实现的奋斗目标。有的同学说:"我的职业追求是,钱多事少离家近,位高权重责任轻。"可是,天上真的会掉馅饼吗?馅饼真的会掉在你面前吗?还有的同学说:"我希望 30 岁评上教授,40 岁评上院士。"这种可能性当然有,概率却很低,只有天时、地利、人和都具备,才有可能实现。如果以此作为职业发展的目标,多半要落空。这些就是"幻想"。只有排除了"幻想",我们才能脚踏实地去看"理想":比如,有的同学想从政,努力做到为官一任,造福一方;有的同学想创业,满怀雄心壮志,渴望大展宏图;还有的同学想做科研,期待教书育人,桃李芬芳……

要"避害",则要知道"害"在何处,注意区别"借口"和"理由"。

"借口"是主观的判断,是可以澄清、打破的;而"理由"则是客观存在的,必须去面对和解决。有的同学说:"我父母希望我考公务员,可是我想创业,项目想好了,投资找到了,风险也分析了,父母会不会对我感到失望?"这时候,我常会提出建议:"你回去问一下他们,跟父母说,自己想去创业,虽然没有那么稳定,却可以锻炼能力。如果你真诚地跟父母交流,他们会不会真的如你想象得那样说,'你太让我们失望了'?"其实很多时候人们担心的事情并不会真的发生,而实践是检验真理的唯一标准。还有的同学说:"我如果响应祖国号召去边疆工作,父母会不会觉得我离家太远,无法照顾他们?"等他坦诚地与父母交流,征求他们的意见时,父母却可能会说:"年轻人正是拼事业的时候,我们支持你去实现报国

大学怎么过

壮志。我们现在身体还健康,也不需要你的照顾。"这些就是"借口"。只有排除了"借口",我们才能心平气和地去看"理由":有的同学想从政,就要甘于奉献,勇于担当;有的同学想创业,就要面临风险,承载压力;还有的同学想做科研,就要迎接挑战,终身学习……

面对这些"理由",有些同学就会优先选择"避害",从而衍生出来另一种生涯决策的思路:"反向转换"。很多人不一定知道自己想要什么,却很清楚自己不想要什么。排除了这些"不想要"之后,"想要什么"的答案往往也就呼之欲出了。

因此,在生涯咨询中,我经常问这类来访同学一个问题:"你坚决不想活成什么样?"

有的同学说:"我不能脱离专业背景,我不能没有发展空间。"

接下来,我就会再问:"什么样的工作能够确保你'不脱离专业背景'?什么样的工作能够给你想要的'发展空间'?"

也有的同学说:"我不能没有钱,我不能没有本地户口。"

我也会引导他们去思考:"你能接受的最低年薪是多少?哪些工作能解决户口问题?"

即使"反向转换"不能帮助我们确定选项,至少也可以为我们厘清思路、缩小范围。

在学业咨询和生涯咨询中,我还了解到一些同学在面临决策时,有这样的担心:万一将来发现自己选错了、后悔了,怎么办呢?

这种情况的确时有发生。现实生活中有很多人，出于各种各样的原因而暂时没有选择自己真正热爱的专业或者职业。

这时候，人们往往面临以下三种选择：

一是将错就错，维持现状，努力培养自己对现有专业或者职业的兴趣，提升能力；

二是及时止损，主动求变，申请转系，或者尝试转行；

三是一颗红心，两手准备，选择辅修、双学位，或者身兼数职。

相比于第一次决策，第二次决策同样甚至更加需要我们认真权衡，深入分析。

当你考虑要不要转专业时，不妨思考这样五个问题：

第一，你是否对现有专业有足够的了解？还是出于某种原因而选择逃避？

第二，你是否对目标专业有足够的认识？还是寄希望于一年后的此刻，再试一次？

第三，你是否真心热爱目标专业？还是抱着"大家都转，我也跟着转"的从众心态？

第四，你是否打算在目标专业里深耕细作？还是觉得"轻轻松松拿到毕业证"就行？

第五，你是否已经有了职业理想？你是否开始思考目标专业与生涯规划的关系？

其实，以上这些思考，不仅关乎是否申请"转专业"，而且直接决定了能否成功。

大学怎么过

同样,当你考虑要不要转行时,也可以思考:

首先,现有职业包含的哪些因素是你不喜欢的?比如,加班时间长、出差频率高、办公环境差、工作压力大、重复性劳动,这些你不喜欢的因素,是在职场中普遍存在的,还是有可能通过重新择业来规避的?

其次,什么样的职业是你真正喜欢的?什么样的工作能够给你带来持续的快乐,让你身心愉悦,不厌其烦,情不自禁地为之投入大量的时间与精力?或者反过来,不做什么工作会使你痛苦,成为不了怎样的人会使你痛苦?

想清楚这两类问题,大多数人关于"要不要转行"的答案,其实就呼之欲出了。如果坚决不愿意继续现有的工作,就果断转行;如果觉得眼下的职业可以接受,但也想试试其他职业,不妨先找一份兼职,看看后者是否真的如自己所愿,然后,再做出理性的选择。

必须指出,我们都走在自我认知和心灵成长的道路上,谁也无法保证不会出现决策失误。人生不是下棋,无需落子不悔。高考填报的志愿固然重要,但是,本科和研究生阶段都有"转专业"的机会;第一份工作固然重要,但也不见得就是"最后一份工作"。

人生的每个阶段都是弥足珍贵而转瞬即逝的,从现在开始,永远都不晚。

本章最后,给大家分享一个小故事。故事的主人公,是我的一位好朋友。

我们是在咨询行业的培训班上认识的,她当时是读临床与咨询心理学专业的硕士研究生，小小年纪已经表现出相当高的水平。我跟她聊天时，总有种"醍醐灌顶"的感觉，对她佩服得五体投地，就开玩笑地叫她"专家"。

我始终相信，"专家"是天生的心理咨询师。她长着一张和善的、让人信任的脸，面呈微笑又若有所思，表现出真诚、好奇，和恰到好处的关心，使人感觉非常舒服。她很少"抖机灵"，也从不卖弄自己的心理学知识，总是安静地听我说话，偶尔插上一两句，也语气平淡，声音温柔，却发人深思、耐人寻味。参加培训时，我们坐在一起，课间交流很多，又都喜欢做咨询，一来二去就成了无话不谈的好朋友。

"专家"硕士毕业前半年，找工作的时候，跟我谈过一次心。当时，我问她毕业之后有什么打算。她说，自己正在考虑要不要去北京某企业的人力资源部门工作。这是一位和她相熟的校友帮忙介绍的岗位，经过简历筛选和面试环节，对方爽快地抛来了橄榄枝，并许诺了丰厚的薪酬和优渥的待遇。

我问："你对这份工作满意吗？"

"专家"说："我还没有想好……据说这个企业很棒，多少人想进都还进不去呢。"

我说："那你不当心理咨询师啦？"

"专家"说："我硕士毕业，又没有什么工作经验，要想成为心理咨询师，起点还是太低了，需要很大的前期投

大学怎么过

入,时间和金钱成本都很高。我家里经济条件不好,一直靠奖助学金,现在好不容易毕业了,也想着多赚点钱帮衬家里。而且,现在国内心理咨询行业的发展还处于初级阶段,市场并不成熟,将来也不知道会怎么样……"

听她这么说,我心里挺难受,就说:"你要不要再想一想?我觉得你不当心理咨询师真是太可惜了。"

"专家"无奈地说:"唉,你说,我这算不算是'为五斗米折腰'啊。"

后来,"专家"再三犹豫,还是接受了这份工作,签了三年的合同,硕士一毕业,就去单位报到了。那时候,我做实验做得焦头烂额,虽然心里牵挂,却实在忙得顾不上。想必她刚入职也会很忙,我们之间的联系就少了。几个月之后,我在做实验的间隙,看"专家"突然在朋友圈转发了一条关于"做选择"的帖子,就问她:"最近怎么样?"

她发来一个悲伤的表情,说:"我有点后悔当初的选择了。"

我说:"怎么,干得不开心吗?"

"专家"说:"其实工作本身还好,但我觉得自己还是放不下做咨询的念头。"

我想安慰她,就开玩笑说:"你这是'不忘初心'呀!那怎么办,你考虑辞职吗?"

"专家"说:"我正为这个纠结呢。我明明知道自己想做咨询，可眼下既没有足够的动力去转行，又不能安于现状、享受当下。"

我说："那你觉得，现在不做咨询，最使你感到不舒服的地方是什么呢？"

"专家"语迟片刻，然后说："我觉得是'停滞感'。我以前很为自己的业务水平而自豪，但是现在，我一想到自己不做这个了，以前学的知识都用不上了，就觉得特别难受。"

过了一会儿，她又说："你知道我现在最怕什么吗？我最怕自己逐渐适应了现在的生活，忘记了心底的梦想，习惯了'不做咨询'的日子，可以心平气和地看着我当年的同班同学，毕业之后继续做咨询，在这条专业的道路上越走越远、越走越顺，而我自己却在原地踏步，甚至慢慢倒退。"

我说："我特别理解你着急的心情，但我还是想说，如果你真的热爱这个行业，就不能计较一日之短长。你现在还年轻，在企业工作的这三年，就等于是单纯为了赚钱，以后还有机会转行。何况，心理咨询和其他的工作不一样。它是在人的内心层面做工作，除了理论和技术，咨询师本人也是发生作用的关键，所以你更需要照顾好你自己。而且，在你痛苦地承受现有的工作带给你的种种不舒服，因为不能进步而感到压力的时候，其实你也在丰富着自己的人生阅历。所以，只要你珍惜这段时光，它对你未

大学怎么过

来从事心理咨询这个行业,一定会有帮助。虽然你现在身处其中,不一定能看到,但我对此充满信心。用好这三年,等你将来有机会转行了,就会以跑步的速度前进。而你的这些同龄人,虽然现在看起来比你站在更好的起跑线上,但是,实际上不一定跑得比你快,终点比你远。"

听我这么说,"专家"好像开心了一些,发来一个沉思的表情。

又过了几个月,她告诉我,自己下决心找了一份兼职,联系了附近的一所学校,利用每周末的时间为学生做心理咨询,同时自费参加各种培训和督导,不断充实和提高自己。

我很心疼,问她会不会太辛苦。她却满足地说:"辛苦就辛苦一点吧,青春就是用来奋斗的嘛。我已经很幸运了,有机会做兼职,那更得努力啊,也不枉你叫我'专家'了。"

Chapter 4

第四章

通关升级
做科研

选导师，选课题
读文献，学知识
做实验，长技能
写论文，做报告

大学怎么过

我曾经在清华大学研究生特等奖学金分享会上,讲述了自己硕博连读五年里的心得体会:读博就像《西游记》里面的唐僧去西天取经,要经历九九八十一难,最终不知道是能够取得真经,还是被妖怪吃掉了。

博士学位得来不易。本科生是以学习前辈发现的"旧知识"为主,兼顾科学研究和专业技能训练;而进入博士阶段,则是在"旧知识"的基础上,创造"新知识"。因此,我常用两个关键词来概括博士阶段的学习:一是要有"学生心态",二是要有"学者气质"。"学生心态",指的是认真踏实地学习,积累知识,夯实基础;而"学者气质",则是不唯上,不唯书,只唯实,在从事学术研究的过程中,志存高远,敢为人先。

选导师,选课题

决定读博之后,首先要选择一位适合自己的博士生导师。

实事求是地说,一个好导师对博士生的科研之路能够产生决定性的影响,他会为你划定起跑线,也会为你规划这条路有多长,所以需要认真权衡、谨慎选择。

清华本科生保送硕博连读的比例较高。在学业咨询中，我经常听到有准博士生同学问：应该如何选导师？

这时候，我往往会引导他们思考：自己心目中理想的导师什么样，具有怎样的特点？

关于导师的个人能力，有的学生希望导师学识渊博，对所从事领域的研究有深刻理解、真知灼见；有的学生希望导师赫赫有名，与国内外其他课题组有广泛的合作交流；还有的学生希望导师心无旁骛，少有社会兼职，全神贯注地做学问、带学生。

关于导师的指教风格，有的学生希望导师和蔼可亲，关爱学生，待人像春风般温暖；有的学生希望导师胸襟宽广，尊重、包容学生，给学生自由、多样化的发展空间；还有的学生希望导师明察秋毫，细致入微，有条不紊地指导学生……

关于课题组的整体情况，有的学生希望课题组采用弹性学制，达到学校统一要求的毕业标准，即可提前完成博士学位答辩，较少出现延期现象；有的学生希望课题组拥有宽裕的科研经费、优质的学术资源、良好的实验条件，充分满足自己做研究的各种需求；还有的学生希望课题组男女比例协调，课外活动丰富，气氛温暖融洽……

理想总是美好的。但是，现实生活中，却很少有导师能够完全符合学生的预期。

接下来，我会这样提问：如果找了一圈，发现没有这么完美的导师，那么，以上特点，哪些是必须坚持的，哪些是可以折中的，

大学怎么过

哪些是考虑舍弃的？

要想回答这个问题，首先，我们要对刚才罗列的"理想导师"的种种特点进行评估。

有些特点的评估相对容易，比如学术水平。

可以关注导师申请基金的种类、数目、含金量，发表论文的质量、数量、引用量，学术获奖与学术兼职情况，业内影响力，等等。

以发表论文为例。

如果是入职不久的年轻教师，可以关注他作为第一作者和第一通讯作者发表的论文。前者主要是他读博士、做博士后期间的成果，这与其研究领域有关，也与其博士生导师、博士后合作导师的水平有关，从某种程度上，可以预测他是否具有一定的学术潜力。后者则反映出他作为导师，独立指导学生之后的情况，通常情况下，更具有说服力。

如果是入职多年的教师，可以关注他作为通讯作者发表的论文，同时，将论文发表的时间分布也作为参考依据。如果某位导师早期发表论文数量多、质量高，但近年发表论文数量不多、质量一般，有可能说明他的学术水平已经不在巅峰状态，开始走下坡路了。

那么，我们需要关注论文的哪些方面呢？一方面，要看学术期刊的档次；另一方面，也要看论文的引用量如何。一般而言，引用量越大，正面引用越多，说明论文的影响力越大。但是，引用量小的论文也不一定就不好，也可能是因为研究领域冷门，或者发表时间较短。

另外，如果条件允许，不妨浏览一下导师的个人主页。一方面，要了解他的教育背景、工作履历、职称等信息；另一方面，也要知晓他近几年培养出的博士生的发展情况和就业去向。如果在一个课题组里，优秀的学生不断涌现，多名博士毕业生选择到高校或者研究所从事科研工作，则基本可以判断这位导师的学术水平比较高。

有些特点则仁者见仁、智者见智，比如导师的指教风格、课题组的整体情况等。

可以多与自己熟识的学长交流，从他们那里了解，导师带学生的风格是不是自己所喜欢的。不同的导师，指教风格也会有所不同，适合自己的才是最好的。

如果选择管理宽松的导师，对学生约束少，鼓励学生自由、多样化发展，那学生自己就要有足够的自律能力；如果选择管理严格的导师，对学生约束多，指导面面俱到，那就可能要牺牲一些独立探索的时间和空间。当然，即使是后者，也不要期待导师给自己过多的指导，锻炼并提高"独立解决问题"的能力是博士生成长的必经之路。

有的同学喜欢在大课题组工作，跟师兄师姐、师弟师妹广泛交流、密切合作；也有的同学偏好小而精的团队，觉得同门就像是一家人，更温暖，也更有归属感。这二者各有千秋，并无优劣之分，前提是了解自己到底喜欢什么、适合什么，不要盲目攀比、随波逐流。

大学怎么过

除此之外,我还会特别提醒准博士生同学,选导师还有一个重要的影响因素:研究方向与内容要满足自己的兴趣偏好,符合自己的能力特长。

本科期间,我们都学过多门专业课。只要用心观察和体会,就能发现自己对哪些课程有兴趣,对哪些课程没感觉;或者哪些课程学得比较轻松,哪些课程则学得相对吃力。

有的同学表示,不知道自己的兴趣在哪里,好像每门专业课学起来感觉都差不多。

这种情况的出现,往往有两个原因。

一方面,大学生正处于成长期,学科和专业兴趣尚不明确。学习能力强,在学习过程中获得的满足感、成就感多,兴趣就会得到强化。反之,学习能力弱,就会在学习过程中感到挫败、失望,兴趣自然也就有所降低。

另一方面,大学生处于学科领域的入门阶段,所学的大部分课程在中小学阶段从未涉及,投入时间短、实践经验少。没有"相知"的长度,就很难有"相爱"的厚度,这也会导致兴趣偏好不明显。

其实,这并不是什么大问题,解决的方法也很简单。

可以使用枚举法。 如果发现自己对某一研究领域感觉不错,可以联系相关教授,参加课题组会,聆听学术报告,甚至在老师或者学长的指导下,亲手做些实验。如果受到种种限制而没办法"实地考察",也可以询问课题组内现有的博士生,了解他们日常都做些什么。只有掌握了一手信息,才能做出真实可信的评估与判断。

可以使用排除法。 如果发现自己对某一研究领域明显不感兴趣,

就果断排除它。排除的选项越多,可选择的范围就越小;集中精力于为数不多的几个选项,有利于详细对比,最终做出选择。

有时候,"顺其自然"也不失为一种好策略。要知道,在某一学科领域内天赋异禀的人少之又少。对于绝大多数同学而言,兴趣是可以培养的。如果探索良久,仍然没有发现自己有明确的兴趣偏好,不妨"先上车,再买票",大致选择一个方向,然后,在实践中培养兴趣,实现"干一行、爱一行"。

博士生与导师的匹配,是一个双向选择的过程。在选好心仪的导师之后,准博士生同学就要通过申请面试以获得录取资格和导师的认可。

博士申请面试一般分为"个人陈述"和"提问回答"两个环节。

"个人陈述"环节,除了姓名、学校、院系、专业等基本信息之外,考生还需要展示自己的学科潜力,包括两部分内容:一是自己为什么想要读博;二是自己为什么适合读博。

关于第一个问题,自己为什么想要读博?

很多同学会说,因为我喜欢科研,所以想要读博。

这个回答没错,却不够具体。我认为,可以从以下三方面展开:你是什么时候开始接触科研的?又是怎么发现自己喜欢科研的?科研的哪些环节吸引了你?

以我自己为例。本科阶段,我选修过不少实验课,很享受这一"动脑又动手"的过程。做探究性实验的时候,我和同组搭档经常针对某个实验现象反复进行讨论,如果遇到想不明白的问题,下课

大学怎么过

之后，就跑到图书馆去查资料，然后继续讨论。有时候，我们俩的观点不一致，谁也说服不了谁，就设计一些新实验，看看能否支持自己的假设。我非常喜欢这个探索、发现的过程，就早早进入课题组，开始接受科研训练。在此期间，我在师兄师姐的指导下，参与了一部分课题的工作，进一步强化了我对科研的兴趣。我也意识到，化学领域还有太多的未知与不确定，我为此感到好奇，所以决定读博士。

关于第二个问题，自己为什么适合读博？很多同学会说，因为我勤奋、爱思考，学习能力强，所以适合读博。

这个回答不仅不够具体，而且缺乏说服力。

在这里分享一个小工具：STAR原则。其中，S是英文Situation（情景）的缩写，表示故事发生的背景；T表示的是Task（任务），即，你需要完成哪些任务；A表示的是Action（行动），即，你实际采取了哪些行动，是怎么完成任务的；R表示的是Result（结果），即，你实现了什么样的结果。

使用这个工具，可以把故事的主线梳理清楚，加入必要的细节，让面试官充分了解你的过往成就和个人特质，从而判断你到底适不适合读博士。

还是以我自己为例。我在博士申请面试的"个人陈述"环节，讲了自己在有机化学实验课做"咖啡因的提取"探究实验时发生的一个小故事。当时，我和同组搭档都对这个实验非常感兴趣，详细讨论了其中的各种细节，又利用课余时间，查阅了不少资料，很有收获。

用 STAR 原则进行分析：这个故事的"背景"是做"咖啡因的提取"的探究性实验，我和同组搭档讨论；"任务"是我想要弄明白这个实验为什么要这样设计；"行动"是我查阅了很多资料；"结果"则是我积累了知识，对化学的兴趣也更加浓厚了。

弄清楚主线之后，我们再来增加细节。

因为我们是从茶叶里提取咖啡因，我当时觉得好奇，就跟同组搭档讨论：为什么这个实验要这样设计呢？

为什么要从茶叶里提取咖啡因而不是其他成分呢？茶叶里除了纤维素和蛋白质之外，还含有多种成分，包括茶多酚、有机酸、咖啡因、可可碱、茶碱等；而且，茶多酚和有机酸的含量比咖啡因还要高。为了弄明白这一问题，我查询了茶叶里各种成分到底有多少，是否可能通过简单的有机化学实验提取。

为什么要选择茶叶作为原料呢？我和同组搭档热烈地讨论起来。他说，用茶叶是因为茶叶便宜，咖啡豆价格昂贵；我说，速溶咖啡比咖啡豆便宜多了，也可以作为一个选项。

于是，我们又讨论了很多相关的知识。比如，如何用咖啡豆制作现磨咖啡和速溶咖啡，如何从速溶咖啡里提取咖啡因；又如，茶和咖啡，哪个提神效果更好，哪个容易上瘾，为什么东方喝茶，西方喝咖啡；还有，茶和咖啡的"苦"分别是什么物质造成的，舌头的什么位置对"苦"最敏感，为什么人们喜欢喝这么苦的东西……

我从中学到了不少有关茶和咖啡的知识，满足了自己的好奇心。

因此，不妨这样来讲：

我从中学开始，就对"化学"这一古老而神奇的学

大学怎么过

科充满了兴趣,并通过化学竞赛保送到清华大学化学系读书。

入学以来,我选修了许多专业课和实验课,其中印象最深的就是探究性实验。我是一个勤奋好学、喜欢钻研的人,很享受这一"动脑又动手"的过程。做"咖啡因的提取"实验时,我和同组搭档针对"实验设计方案"展开了热烈的讨论,查阅了许多资料,受益匪浅。我们探讨了"目标产物的选择——为什么要从茶叶里提取咖啡因",研究了茶叶里不同成分的含量和可能的提取方法,复习了有机化学的各种基础知识。我们还探讨了"反应原料的选择——为什么要用茶叶而不是咖啡",研究了咖啡豆、现磨咖啡和速溶咖啡的区别,设计了从速溶咖啡里提取咖啡因的实验方案,掌握了茶和咖啡的有关内容。这一过程,既开阔了视野,又激发了我想要探索未知的强烈的好奇心;既丰富了知识,又使我相信自己具有很好的逻辑思维和学习能力。

大学前三年里,我勤奋学习、潜心钻研,取得了优异的成绩。在夯实基础的同时,我也更加深刻地体会到化学之美、科研之美。因此,我申请在本科毕业之后硕博连读,并期待博士毕业之后,从事学术研究工作。

如果时间充裕,还可以在"个人陈述"环节加入自己在学习过程中遇到挑战、克服困难的例子,进一步佐证"学习能力强"这一结论。比如：

> 大二刚学物理化学的时候，我不太适应，期中考试不理想。但是，我没有灰心丧气，而是积极分析原因，思考解决方案。生活中，我是一个留心观察、积极思考的人。于是，我发挥所长，在后半学期的学习过程中，结合生活中各种有趣的物理化学现象，加深对所学知识的理解。比如，用水的蒸汽压与它表面的曲率半径的关系来解释"为什么洒上水的地面很快就干了，浸湿了的衣服却不容易干"；用"稀溶液的依数性"来解释"为什么冰棍越吸吮越不甜"；从"为什么口渴时不能喝海水"联想到溶液浓度与渗透压的关系……这些看似简单的生活常识中蕴含着的深刻的科学道理，使我乐在其中，对化学的兴趣更加浓厚；使我成绩进步，在期末考试中取得了好成绩；更使我充满自信，相信自己会在今后的学习过程中，不断努力做得更好。

我们再来谈谈"提问回答"环节。

通常情况下，博士申请面试过程中，考官的提问可分为以下五大类。

一是考查学科兴趣。比如，"你对所学专业的哪个方向比较感兴趣？为什么？""你对哪门专业课最有兴趣，或者成绩最好？""你是喜欢动手做实验，还是喜欢做理论推导？"

二是考查基础知识。有时候，考官会针对考生在"个人陈述"

大学怎么过

环节中讲到的一些细节进行提问。比如，询问"从茶叶里提取咖啡因"的操作过程及其原理，或者让考生现场设计"从咖啡里提取咖啡因"的实验方案，等等，意在考查对基础知识的掌握程度。

三是考查科研经历。比如，"你进课题组了吗？做过哪些实验？有什么体会？""这个课题你负责其中的哪些部分？遇到过什么样的困难？你是怎么克服的？"

四是考查对学科的理解和洞察力。比如，"关于学科的未来发展，你有什么看法？""去年的诺贝尔奖颁给了哪几位科学家？他们做出了怎样的贡献？""国内外有哪些知名课题组也在做你目前的研究方向？""你目前研究方向的下一步突破可能是什么？"

五是询问未来规划。比如，"你在读博期间有怎样的科研计划？""将来博士毕业之后，你想要从事什么工作？""你对科研从业者的日常工作有怎样的了解？你觉得喜欢吗，适合自己吗？"

回答提问不需要太多的技巧，态度真诚、礼貌，表述简洁、清晰即可。

博士入学之后，就要在导师的指导下，确定一个或者多个研究课题。

我认为，好的研究课题，应当具备以下三点特征。

首先是前沿性。一个好的研究课题，要能够"承前启后"，推动专业的进步，甚至推动整个学科的发展。那么，怎样寻找"前沿性课题"呢？可以关注行业发展现状，可以请教本领域的专家学者，也可以直接从文献的摘要、引言、结论、展望中获取相关的信息。

值得注意的是，这些观点往往带有一定的倾向性，可能不够全面，甚至会有失偏颇。因此，一定要多阅读、多思考，力求全面、客观，对不同的说法加以甄别，从而形成自己的观点。

其次是创新性。创新是推动一个国家、一个民族向前发展的重要力量，也是推动整个人类社会向前发展的重要力量。我们做研究，可以"顶天"——在引领人类学术前沿的道路上努力奔跑；也可以"立地"——在事关国计民生的重大工程实践中深入耕耘。但是，无论是基础科学，还是应用科学，"创新"都源自知识的创新：没有新知识，没有对现有知识的新认识，也就没有超越常规的新应用。

最后是可持续发展的潜力。如果你立志将来从事科学研究工作，那么，博士期间所做的课题就会成为你未来若干年内学术道路的起点。学术研究贵在专攻与精深，因此，课题最好属于一个相对稳定、可持续发展的研究领域，是一座值得深挖的"富矿"，可以从中开采出源源不断的"宝藏"。

对于博士生而言，研究课题多由导师决定，只要按照导师的要求，按部就班向前推进即可。这的确是一条捷径。但是，如果博士毕业之后想要继续从事科学研究工作，迟早要面临"课题选择"的问题。因此，在虚心听取导师意见的同时，自己也要保持积极思考的态度，主动参与其中。

以我自己为例。关于"选课题"的思考，贯穿了我整个博士阶段，又延续到博士后研究时期。

我在本书的《自序》中谈到有关我的博士课题"可升华离子型

大学怎么过

铱配合物的材料设计与性能研究"的故事。做这个课题经历了艰难与曲折,也获得了优异的成果。它使我深深体会到认真做好一项科学研究是多么不易,也坚定了我继续从事科研的信念。也正如导师在整个过程中鼓励我的那些话语:做这个课题的过程,是你博士期间最宝贵的锻炼过程。面对挑战,要敢为人先,勇往直前;遇到挫折,要心平气和,不轻言放弃,才能在科研的道路上走得更远。

后来,师弟师妹听说了我的故事,问我:"整整两年都没有进展,这么长的时间里,你是怎么说服自己坚持下来的呢?万一做不出来怎么办呢?"

我当时不知道该如何回答,内心深处,也对这种"万一"感到后怕。现在回想起来,我大概做过以下三方面的"心理建设"工作。

一是不甘心。尽管心里忐忑不安、犹豫不决,但是,我始终不相信自己会做不出来。导师对我说"坚持半年,再坚持半年"的时候,我其实也在心里默默鼓励自己"走一步,再走一步"。今天的结果不好,就认真想想原因,明天换个新方法;明天的法子不灵,就回来看看文献,后天找个新思路……科研的过程充满不确定性,但是,只要继续做下去,总能不断发现问题、分析问题、解决问题,经过多次试错、修正,最终定能推动课题的进展。

二是平常心。做课题的过程中,我尽量不自己吓唬自己,不把课题当成一个"世界级难题",而是把它视为一件"我要努力做好的事情"。这样想来,一方面,可以使自己目标坚定,心无旁骛,关注每一点进步与收获,强化每一次正向的激励;另一方面,即使实验做不出来,也不会觉得是自己出了错,而是静下心来琢磨问题到底出在何处，可能会有哪些解决方案。

三是好奇心。在做实验的过程中，我非常注意呵护自己对科研本身的兴趣。每当有了新发现，我就花一点时间，做些额外的研究，相当于"子课题"，也由此发表了几篇论文，既满足了自己探索未知世界的好奇心，也确保毕业无虞，极大地减轻了科研压力。

读博期间，常有亲朋好友问我："你们怎样做研究？每天都干些什么呢？"

起初，我会给他们讲解：什么叫"博士"，拿到学位需要经过几个阶段，日常都会做哪些事情。然而，我发现，他们还是很困惑。于是，我就换了一个说法，试着用他们能理解的语言来表达。

我说，学习知识的过程其实类似于"学厨"。

首先，要学习基础知识，知道酱油、生抽和老抽的区别，知道什么时候用米醋，什么时候用陈醋，什么时候加味精，等等，这就相当于我们本科期间学的各种专业课程。

学完专业课程，大四学年做毕业设计的时候，就需要看文献、做实验了。这就好比对着菜谱做菜。先模仿已有的菜谱，做完尝一尝，看看怎么样，如果觉得味道不好的话，就再改进工艺。比如，换一种调料——我们做合成实验，要选择合适的反应物；又如，调整火候或者加调料的时机——我们也要优化反应条件，等等。熟练之后，再以此为基础，逐渐开发新品。比如，有人用土豆烧牛肉，我们可以用芋艿炖排骨；又如，有人用西红柿炒鸡蛋，我们可以用金针菇煎培根……这是最初级的"创新"，相当于本科毕业设计的水平。

大学怎么过

相比之下,硕士、博士阶段,需要深层次的"创新"。比如从大豆到豆腐,从牛奶到乳酪,从摊煎饼到烤面包,从热汤面到速食面,等等,既包含思想层面的创新,又需要制作工艺的进步。甚至,还可以开发出各种"分子料理",打破传统的烹饪方式,使用全新的技术手段,从微观角度来重新认识食物。

课题有了进展之后,就需要通过写论文来与他人分享我们的研究成果。这就类似于餐馆为自己的"创意菜"做广告宣传。首先,要有创意、味道好——论文要观点新颖、内容丰富;其次,要摆盘精致、赏心悦目——论文也要行文流畅、语言优美。

这些都是相通的,但是,也有不同之处:比如餐馆推出新品之后,为了避免同行竞争,吸引更多顾客,常常对其配方秘而不宣,甚至视之为商业机密。而我们在撰写研究论文的时候,则要做到"知无不言、言无不尽",以帮助同行复制实验结果,从而避免重复劳动,促进研究领域,甚至整个学科的进步。

因此,博士生不仅需要做出一道"创意菜",还需要研究其机理:新菜品有哪些特别的味道,分别来源于什么调料或者工艺,有没有可能将这种方法拓展到更多菜品当中,等等。

有时候,亲朋好友还会继续问我:"你觉得自己读博之后有什么变化呢?"

我还是用下厨来解释。

同样是做"蓑衣青瓜",读博之前,我会按照菜谱,将切好的黄瓜用盐腌制数小时,之后再加调料。读博之后,我就会去想"为什么要用盐腌制",这是为了在黄瓜的细胞膜两边形成食盐的浓度差，在渗透压的作用下，细胞内的水分向外渗出，导致黄瓜细胞脱水，这样腌好之后，再加调料，就更容易入味。这是定性的理解。

如果要定量的话，我还可以计算出每根黄瓜需要加多少盐；或者，在一定时间之内能够脱去多少水分，等等。

进一步，我还会思考，为什么不用其他方式替代"盐渍"过程呢？

比如，用微波炉加热也可以使黄瓜脱水，做成"蓑衣青瓜"的口感却很糟糕，会不会是因为加热本身破坏了黄瓜的细胞结构？

比如，同样是"盐渍"，"盐渍"蔬菜与"盐渍"肉类，对应的机理又有什么不同呢？

针对这些问题，我可以分别设计实验，控制变量，进行系统研究。

其实，从某种意义上来说，这也是选择研究课题的重要思路：从实际问题出发，透过现象看本质，再提出可行方案，最终解决实际问题。

读文献，学知识

文献阅读是做科研的基本功之一。

通过阅读文献，我们可以了解自己所在研究领域的现状，知道前辈都做过什么工作，取得了怎样的结果，还有哪些研究需要进一步展开等，从而找到适合自己的课题，避免重复劳动。通过阅读

大学怎么过

文献,我们可以积累知识,夯实基础,借鉴方法,获得启迪,从而"站在巨人的肩膀上",以前辈的学术成果为基础,继承、创新,从而推进自己的课题研究。通过阅读文献,我们还可以学习如何撰写论文,总结和展示自己的学术成果。

然而,文献阅读曾经是令我非常头疼的一件事。

博士入学之后没多久,也许是听从了导师的建议,也许是受到了学长的启发,总之,我在某一时刻正式决定,自己要开始认真阅读文献了。我当时心气很高,信奉"凡事要么不做,要做就做到最好",就为自己制定了一个目标:坚持每天精读两篇文献。几天之后,我发现,这项计划实现起来困难重重,自己原计划要看文献的时间总会被各种事情打断。起初,我有些烦恼,一边抱怨"计划赶不上变化",一边在心里安慰自己说:"今天做实验占用了太多时间,明天再看文献吧",或者"今天临时要去校外送个样品,明天再看文献吧"。明日复明日,我的文献阅读便处于"三天打鱼、两天晒网"的状态。

这与向来有毅力、有执行力的我并不相符。时间一长,我逐渐意识到,自己之所以难以坚持,有可能是因为自己制定的目标不合理。

美国管理学大师彼得·德鲁克(Peter Drucker)在其著作《管理的实践》(*The Practice of Management*)中谈到了一种方法:制定目标的 SMART 原则。SMART 源于 Specific(明确的)、Measurable(可度量的)、Attainable(可达成的)、Relevant(与整体目标相关的)和 Time-based(有时限的)五个英文单词的首字母。

即：目标应当是明确的,而不是笼统的;目标应当是可度量的,而不是模糊的;目标应当是可达成的,而不是遥不可及的;目标应该是与整体目标相关的,而不是孤立存在的;目标应当是有时限的,而不是遥遥无期的。

以我自己为例。读博期间,我的整体目标是"提升自己的科研能力"。那么,"利用博士五年的时间,提升文献阅读能力"就是与之密切相关,而且具有时效性的目标,也是我想要坚持阅读文献的动力来源。

相比于"提升文献阅读能力"这一笼统而模糊的目标,"每天精读两篇文献"就是明确的、可度量的目标。从这方面来看,我制定的目标似乎并无问题。

然而,对于当时的我,"每天精读两篇文献"并非通过努力可达成的目标,显得有些遥不可及。作为科研"小白",精读两篇文献,差不多要花掉我大半天的时间。但是,我当时非常忙碌,不仅要做实验,还要修学分——系里要求每位博士生至少完成 6 门专业限选课程的学习。如果我不考虑实际情况,一味地要求自己"每天精读两篇文献",那么不难想象,我从这个目标中体会到的,将多半是挫败与沮丧的情绪,而少有满足感、成就感。

意识到这一点之后,我就调整了策略,放下对自己的不合理期待,循序渐进地提升文献阅读能力。我先从自己最熟悉的研究领域和最简单的短文开始阅读,再转到相对陌生的研究领域,阅读内容较深或者字数较多的文献,慢慢增加难度;从隔周精读一篇文献到每周精读一篇文献,再到每天精读一篇、两篇文献,逐渐增加数量。

大学怎么过

这样的进展,虽然看起来有些缓慢,但是,可行性却很高,容易坚持,也有利于培养自信,从而增加阅读文献过程中的成就感、愉悦感。

在学业咨询中,我经常会听到来访同学说,自己看文献总是看不懂,感觉很困惑。

这时候,我往往会先和他们讨论,具体是哪里"看不懂"?是英文文献看不懂,还是即使翻译成中文也看不懂?

如果是后者,通常说明对该研究领域的内容了解得太少,建议先通过阅读教材、综述文章、前辈的博士论文等资料,对其中的基本概念、专业术语、研究思路、实验方法、表征手段、写作结构等,形成初步的认识,然后再来看文献。

其实,本科阶段的课程学习与博士阶段的文献阅读类似,都是通过"阅读"来获取知识,学以致用。本科阶段,我们学习专业课程的时候,阅读中文教材也会遇到种种问题,需要花费大量的时间,结合上下文来反复琢磨、用心思考,才能加深理解,求得真知。

但是,二者也有区别:教材提供的是比较全面的知识框架体系,而文献则主要聚焦于某一方面的研究。因此,文献中涉及的专业术语虽然很多,却并不需要逐一弄懂其含义。部分专业术语,只要不影响整体阅读,就可以当成"已知条件",先记住,等到通读全文并把握了主题之后,再回过头来,重新研究其中的细节。这样一来,阅读文献的速度就会大大加快。其中的道理,就像学乒乓球、羽毛球的时候,教练每教一种新的技战术,都会让学生模仿、实战,在模仿中掌握要义，在实战中理解原理，并不都需要"溯源式"学习。

如果中文文献看得懂、英文文献看不懂，则说明可能是受到语言的限制，需要循序渐进地提高英文阅读能力。入门阶段，不妨先阅读专业课程的中文版教材，再以此为基础，对照着阅读英文版教材，在学习专业术语的同时，也初步了解学术英语的表达方式。中级阶段，可以尝试阅读一些内容简单、通俗易懂的"教学类"英文综述，比如 Annual Reviews（年度综述）系列出版物——这是权威科学家针对世界上最重要的原始研究论文而撰写的内容丰富的、响应及时的评论文章，旨在帮助人们跟踪相关学科领域的研究动态。高级阶段，除了阅读英文文献，还可以阅读一些内容更为艰深的英文学术专著，进一步强化学术英语水平。

在刚开始阅读英文文献的时候，可以先精读，甚至翻译其中的几篇经典短文，熟悉常用的专业术语，有利于之后进行快速、大量的泛读。在泛读过程中，主要关注论文的摘要、结论，讲究速度，只要不影响对文献的整体理解，就不必过分纠结于个别词汇的准确性。遇到不认识的词汇，可以根据上下文来推测其含义，也可以识别其中的词根、前缀和后缀，再根据英文单词的构词规律来推测出其含义。比如，我们小时候刚开始看长篇小说，也并非一遇到陌生字词就去翻字典，多半是"好读书，不求甚解"，连蒙带猜，囫囵吞枣，一目十行，先看下去再说。有了量的积累，自然就会慢慢熟悉本领域的表达习惯，记住常用的单词或者短语，从而产生质的飞跃，提高阅读的速度。

通常情况下，不建议大家使用英汉翻译软件，避免形成依赖心理，阻碍自己英文阅读能力的发展。对此，可能有的同学会说："我可以一直使用翻译软件呀，有什么必要再去发展英文阅读能力呢？"我不这样认为。英汉翻译软件固然可以辅助英文文献阅读，却难以实现"信（表意准确）、达（表达流畅）、雅（文采斐然）"的翻译标准，也无益于英文写作训练。阅读、写作不分家，没有足够的阅读量，就难以写出优美的论文来。

在学业咨询中，也会有来访同学问我：看文献应该主要关注哪些方面呢？怎样才能提高看文献的效率呢？

我认为，这取决于每个人想要通过阅读文献达到怎样的目标。

综合前面所述，阅读文献通常要实现三类目标。

第一类目标，通过阅读文献，了解自己所在的研究领域的现状，知道前辈都做过什么工作，取得了怎样的成果，还有哪些研究需要进一步展开等，从而找到适合自己的课题，避免无效劳动。

面向这一目标，科研入门阶段，不妨从最简单入手。先精读几篇经典短文，关注摘要、展望两部分，了解该研究领域内悬而未决的科学问题和未来可能的发展方向，建立初步的概念。还可以查阅这几篇经典论文的参考文献，通过"溯源式"学习，进一步加深对该研究领域的理解。

科研入门之后，建议多阅读文献综述。所谓"综述"，就是针对某一研究领域、某一专题，回顾、梳理过去某一段时间内的主要学术成果，加以归纳、总结、分析和提炼，从而写成的论文。综述论文的专题性强，涉及范围较小，具有一定的深度和时效性，可以反映出该专题的历史背景、研究现状、最新动态、发展趋势。通过阅读综述论文，可以帮助自己梳理该研究领域的框架，从而找到适合自己的研究课题。

第二类目标，通过阅读文献，积累知识，夯实基础，借鉴方法，获得启迪，从而"站在巨人的肩膀上"，以前辈的学术成果为基础，继承、创新，从而推进自己的课题研究。

面向这一目标，既可以从综述论文中汲取"营养"，也可以阅读其他课题组发表的研究论文。在这些论文中，作者往往会罗列一些参考文献，如果感兴趣的话，不妨读读这些参考文献，从而更好地掌握这一研究领域的基本理论、研究对象和主要方法等内容，积累知识，夯实基础。

第三类目标，通过阅读文献，学习如何撰写论文，总结和展示自己的学术成果。

面向这一目标，我们不妨在阅读文献的过程中，先在脑海里形成清晰的逻辑"主线"：本文的研究内容（What，作者做了什么研究）、研究背景（Why，为什么要做这样的研究）、研究方法（How，作者是怎样开展研究的），以及得出的主要结论。然后，在此基础上，加入适当的细节"支线"：本文采用了哪些具体的研究手段，观察到怎样的实验现象，如何解释这些实验现象，等等。

为了提高阅读文献的效率，建议对每篇文献做一份简要的阅读笔记。笔记的内容，可以包括两个方面：一是对文献主要内容的概括，类似于文献自身的"摘要"，但尽量不要照抄原文，而是基于自己的理解，重新组织语言，内容也可以比"摘要"更丰富一些；二

大学怎么过

是主要实验数据与对应结论,我习惯于手写记录,所以会把文献中的关键图表打印出来,裁剪、粘贴到笔记本上,以后再翻看时,就会非常清晰,一目了然。

另外,可以根据自身的研究需要,加上"专业词汇积累""基础知识补充""科技写作语句摘抄"等部分;还可以想一想,这篇文献对自己的课题推进或者论文写作会有怎样的启发,自己在阅读文献的过程中产生了哪些灵感,然后一并记录下来。

有了这样的文献阅读笔记,既可以加深对文献的理解与记忆,又可以提高自己归纳、总结、分析和提炼能力。而且,这对论文写作的训练也大有裨益。

随着文献阅读数量的增多,我们对所在研究领域的知识体系的理解也会不断加深,这时候,还可以引入"批判性阅读"。需要指出的是,我们阅读的文献,并非百分百准确无误。所谓"批判性阅读",即不迷信现有的论文,哪怕它发表在权威期刊上,也有可能出现纰漏,甚至谬误。因此,阅读文献的过程中,不妨经常提醒自己,思考以下几个问题:

这篇文献的重要性、创新性如何?为什么重要?创新在哪里?

这篇文献解决了什么科学问题,又提出了哪些新的科学问题?

这篇文献的表述思路是否清晰,逻辑是否严谨,实验是否完备,数据是否可信?

这篇文献给出的实验结果,能否有效支持结论,有没有其他可能的解释?

在这篇文献中发现了哪些不足,有什么改进思路?如果实施改进,可能遇到哪些困难?

如果换成是我来做这个课题,能否针对这一研究目标,提出新的研究思路?

如果换成是我来做这个课题,能否以当前结果为基础,提出新的重要问题?

为了促进这一过程的发生,有些文献需要反复多次阅读。其间,我们对文献内容的理解,对研究领域的见解,也会发生变化。而这些思维的过程,都值得记录下来,既增加知识的储备,也成为灵感的来源,助力于自己的课题。

做实验,长技能

化学是一门实验科学。在清华读书期间,曾有老师引用著名化学家卢嘉锡的话来勉励我们:化学家的"元素组成"应当是C3H3,Clear Head(清醒的头脑)、Clever Hands(灵巧的双手)、Clean Habits(洁净的习惯)。

这句话不只适用于化学领域,也同样适用于其他实验科学领域的研究。

要想高效推进课题研究,首先要有"清醒的头脑",面向课题目标,设计合理的实验方案;然后,用"灵巧的双手"做实验,整理实验数据,通过对实验结果的分析,验证自己的方案是否可行、

大学怎么过

假说是否成立，再对实验方案加以调整、优化，最终实现课题目标。

实验方案的设计，需要扎实的知识基础和丰富的实践经验，这部分主要源自专业课程的学习和文献阅读的积累，前文已经谈及，此处不再赘述。

而做实验、整理实验数据、分析实验结果，则构成了推进课题研究的三个"技能点"。

其中，"做实验"是前提。做实验是体力劳动，更是脑力劳动。下面我就以自己的实际经历与感受为例，讲述如何提升实验技能。

我读中学的时候，学校的化学实验室条件一般，化学竞赛培训也以理论学习为主。因此，我几乎没有亲自动手做过化学实验。大一学年春季学期，我们开始上无机化学实验课。没过多久，我就发现，自己的动手能力很差，做起实验来，操作缓慢，拖泥带水，时不时还会打碎玻璃仪器，遭到助教的批评，被同学们戏称为"仪器杀手"。

我平时与同学们相处愉快，并不在意大家善意的玩笑。然而，总是不能按时做完实验却使我感到有些挫败。尤其，化学实验课往往安排在下午，眼看着别的同学都做完实验，收拾好仪器设备，背上书包去食堂吃饭了，我还站在实验台前笨手笨脚地操作，心里很急，肚子很饿。而且，我有晚课，经常来不及吃饭，就要去上课了。

苦恼了一段时间之后，我下决心要想办法解决这个问题。

首先，我观察了周围把实验做得又快又好的同学，发现他们主要快在以下三个方面。

一是熟知实验步骤，可以一边操作，一边准备下一个步骤。比如，做酸碱滴定实验的时候，一边等待溶质在水中溶解，一边准备好各种指示剂，思路清晰，动作流畅。而我做完上一步，就忘了下一步，时不时需要看看周围同学，甚至拿出教材或者预习报告来翻阅，才能确定下一步要怎么做，耽误了不少时间。

二是清楚实验原理，知道每个操作目的何在、可能发生什么样的实验现象，遇到一些小意外，也能及时处理。比如，用酒精喷灯制作细玻璃管时，周围同学都显得淡定从容，用力均匀地拉着玻璃管，而我看着原本又硬又脆的玻璃在高温下渐渐变软，轻轻一拽就长出一大截，感到十分惊奇，一不留神，稍一用劲儿，就把玻璃管拉断了。

三是动手能力强，能够迅速搭建实验装置，完成称量、加样、移液、滴定等操作。比如，每次做完实验之后，大家围在水池边，拿着试管刷，蘸着去污粉，一边清洗试管，一边随口闲聊几句。而我可就惨了：当同学们有说有笑地洗试管时，我还在满头大汗地做实验；等我做完实验清洗试管时，又总是遇到各种麻烦，不是水花飞溅，打湿了白大褂，就是把试管磕到水池边缘，裂开一条缝……

于是，我试图改变现状。我采用的是"笨方法"：认真准备预习报告，反复理解实验原理，牢记实验步骤，然后，合上教材，默念做实验的步骤，思考每一步应该怎么做，为什么这么做，可能出现哪些现象，可能遇到哪些困难，等等。这样一来，等到我真正开始做实验的时候，动作就会流畅很多。同时，我还抓住各种机会默默练习，尽量提高操作速度，并在每次做实验的时候，都积极思考还有哪些可提升的空间。

勤能补拙。坚持一段时间之后,我就不再是"老末",慢慢赶上了同学们。进入大二学年,我们又开始上有机化学实验课。秋季学期,我还时不时弄碎一两个玻璃仪器,等到春季学期,我就不再犯这种低级错误了。

后来,我反思了自己练习做实验的过程。我意识到,其实这就是先观察、模仿、实践,再调整、进步的过程——类似于学厨。先是师傅带徒弟,学一些基本功,从简单的雕花、刀工、翻锅学起,逐渐加大难度。等徒弟学会了,练熟了,就可以自己掌勺了。起初,徒弟做出来的菜品往往不如师傅做的好吃,这就需要再跟师傅详细交流,找出其中的原因,看看到底问题出在哪里:是原料有差异,还是刀工不过关?是油温不一样,还是火候没有掌握好?然后,再针对这些细节,慢慢加以改进,在实践中逐渐提高。

俗话说,"师傅领进门,修行靠个人"。我真正悟出做实验的精髓是在读博阶段:我将自己在参加乒乓球训练时习得的方法迁移至此,把复杂的实验操作分解成若干小模块,分别进行练习,化难为易,循序渐进。

在清华读书期间,我的大部分实验需要在超净工作间里完成,经常用到氮气手套箱。起初,我感觉很不适应:穿着连体的实验服,先戴一层丁腈手套,再戴上手套箱自带的橡胶手套,把两只胳膊整个儿伸进去,然后再戴一层丁腈手套。我的手比较小,平素只戴小号的手套。橡胶手套又大又厚又硬,在其外面戴小号手套实在是一件难事。可是,如果戴稍大一些的手套,又会不合尺寸，操作起来拖泥带水，很不灵活。我试了几次，每次都折腾得满头大汗，耗时很久。我想这样不行，就决定把"手套箱里戴手套"作为一个"专项技术"来单独练习。平时使用手套箱的人很多，没有整块的时间供我练习。于是，我找了一个晚上，趁着超净工作间里空无一人，平心静气地开始练习戴手套。我从最大号的手套练起，等到熟练了，再换成大号、中号，最后换成小号，慢慢掌握了这个"专项技术"。

博士后期间，我又学习使用一套复杂的真空蒸镀设备，需要将玻璃基板在两个真空蒸镀腔室之间来回传递。起初，我很不适应，传一次基板就需要花掉一个多小时，非常耽误实验进度。于是，我找了一个周末，趁大家都不用设备的时候，一个人待在实验室，将基板在两个腔室之间传来传去，计时练习，并在笔记本上写下自己的心得，总结哪里做得好，哪里做得不好，再加以改进。经过反复练习，我终于摸清了其中的窍门，在两分钟之内，即可顺利完成玻璃基板在腔室之间的传递。

现在回想起来，这些方法虽然看上去很"笨"，但却相当实用。下过这样的"笨功夫"，加上长期、大量的时间投入，我慢慢找到了做实验的好感觉，熟能生巧，也渐入佳境，从此不再畏惧做实验。

除了"灵巧的双手"之外，"洁净的习惯"也非常重要。

说回练习"手套箱戴手套"的例子。这一操作熟练以后，课题一度进展顺利，我制备出一批性能尚可的有机发光器件，如愿完成了本科学位论文答辩。博士一年级，导师建议我进一步优化实验条件，以期做出更高性能的器件。于是，我就每天"泡"在实验室，

大学怎么过

一批接着一批地做器件。

刚开始,实验结果还不错,器件性能缓慢提高着。可是好景不长,突然有一天,我发现自己按照常规操作制备的薄膜表面有些发白,做出的器件也不如之前那么亮。当时,我以为是操作不当导致实验失败,并没有很在意,马上又做了一批器件,却发现还是不行。之后的一周里,我做的所有器件性能都很差。与导师讨论,导师建议我逐一排除实验过程中可能出现的各种"干扰项"。于是,我先后尝试了不同批次的药品、溶剂,毫无起色。我又把手套箱彻底清理了一遍,然后又做了一批器件,结果这一批更差。我垂头丧气地向导师汇报了实验结果,导师提示我说:"有变化总比没有变化好,我觉得还是手套箱的问题。我想起一个生活中的例子,家里地板很脏的时候,你去扫地,灰尘就飘起来,看起来反而更脏了。"

听了导师的话,我觉得有道理,马上回到实验室,重新清理了手套箱。这一次,奇迹发生了:器件性能开始好转,课题有了新突破。这段经历使我意识到,实验条件,哪怕是细枝末节,都可能对实验结果产生决定性的影响。

从那以后,我养成了两个好习惯。

一是每次做实验前,如实记录超净工作间的温度、湿度,手套箱的表观洁净度、水氧含量等各项参数,确保实验条件稳定、可量化。一旦发现实验结果有问题,马上"复盘"实验条件,重新设计实验,通过严格的控制变量法,展开进一步的研究。

二是每次做完实验,我都会仔细清理实验所用的仪器设备,使之恢复原状,避免给其他同学接下来的实验带来麻烦。虽然这会花费一些时间，却提高了课题组整体的工作效率。

博士后期间，我的主要课题是开发高性能的钙钛矿发光器件。这部分工作是同一课题组师兄师姐工作的延续，因此，合作导师要求我先重复他们的实验结果，再以此为基础，进行创新。

我跟着师兄师姐学习了基本的实验操作之后，又每天"泡"在实验室里，一批接着一批地做器件，然后及时分析数据，跟师兄师姐讨论，询问其中的细节，并在第二天的实验中加以改进，很快就重复出师兄师姐的实验结果。在此过程中，我掌握了相关知识，有了深入的思考，就开始推进自己的课题，设计合成了几种新材料，然后，继续使用"控制变量法"优化器件。

课题进展的关键阶段，每一次做出好结果之后，我都会仔细回想做实验的全过程，包括每一步操作、每一个细节，然后，认真思考其背后蕴藏的科学原理。遇到暂时不理解的部分，我就查阅资料、反复琢磨，或者设计进一步的实验，加以验证。

这需要投入大量的时间和精力。课题攻坚阶段，我索性不回宿舍，在办公室里通宵达旦地工作。我将两只大沙发面对面地合并起来，搭成一张"床"，在上面铺一层单子，晚上困得实在熬不住，就披上外套，躺在"床"上眯一会儿。条件很艰苦，但我咬牙克服了；实验很烦琐，但我最终做出来了。

功夫不负有心人。经过整整两年的努力，我终于将钙钛矿发光器件的外量子效率由 23.4% 提升至 25.6%，突破了当时的世界纪录，相关论文发表在顶级期刊 *Nature* 上。

大学怎么过

值得注意的是，重视细节，并不意味着局限于细节。在大刀阔斧地进行创新实验的初期阶段，对中间步骤的实验结果就不能苛求完美，而是应该义无反顾地将实验一步一步推到终点，看能否得到与假设大致相符的整体结果。如果不相符，则有可能是大方向出了问题，需要及时改进与调整；如果相符，再回头仔细完善细节、精益求精。

要想从实验结果中收获更多，就要及时整理实验数据、分析实验结果。而做好实验记录，是我认为最简单、最有效的方法。

大二暑假，我进入课题组，开始接受科研训练。按照我们课题组的要求，每个刚进组的学生都会领到一个崭新的实验记录本；导师也建议我们要记好笔记。但是，在相当一段时间里，我并没有真正意识到做好实验记录的重要性，只是心不在焉，潦草一写了事，完全是为了应付导师的检查，并自认为这是"节省时间"的好办法。

本科毕业之后的暑假，我去美国宾夕法尼亚大学交换学习一个月。与合作导师第一次见面时，他就递给我一个精美的硬皮手抄簿和厚厚一沓文字材料，并以有机合成反应为例，向我详细讲述了应当如何做实验记录：开头写上实验日期，提前查阅相关文献，写好今天计划合成什么化合物、涉及的反应式，每一步需要准备什么原料、原料具有哪些物理性质——包括气态、固态还是液态，颜色如何，有无刺激性气味、是否易燃易爆、有无毒性或腐蚀性，理论投料比、反应条件等；然后在实验过程中，准确记录实际投料比、反应条件和实验现象，并附上核磁表征结果，计算纯度和产率。

起初，我不愿意这样做，觉得很麻烦。但是，合作导师很坚持，安排了一位博士生师姐带我做实验，点名由我来做记录，而且要定期检查实验笔记。在这样的严格要求下，我不得不"入乡随俗"，开始认真记笔记了。这当然很辛苦：师姐带着我做一上午实验，我一边听她讲解，一边在心里默记。做完实验常常是中午时分，师姐吃饭去了，我就留下来清理实验台，并将上午所做的实验详细记录在笔记本上。下午师姐回来，我再拿着实验记录，找师姐"复盘"，看看有无错误、是否完整，并在后面附加核磁表征结果，计算纯度，与师姐讨论，计划第二天的实验、写预习笔记。

交换学习的一个月里，我终于养成了记实验笔记的好习惯。回到清华，开始读博之后，我延续了这一习惯，并在实践中，不断优化实验笔记，增加了"数据分析""细节复盘""思考与讨论"等部分。其中，"数据分析"是为了督促我今日事、今日毕，分析实验数据、及时发现问题。"细节复盘"是为了反思与调整本次实验过程中遇到的各种情况，比如，哪些地方做得好，哪些地方可能带来实验误差，哪些地方出现了纰漏等，便于今后类比归纳，进一步精进实验技能。而"思考与讨论"则是根据当日实验结果，与课题组的老师、同学进行讨论，或者查阅相关文献，制订下一步实验计划。

读博五年里，我记了18本、近4000页的实验笔记。博士毕业之后，离开清华园之前，我把这些笔记交还给课题组，希望对师弟师妹起到参考作用。

2019年是清华大学学风建设年，档案馆、校史馆主办了"严谨、勤奋、求实、创新——清华大学优良学风档案史料展"，将我的笔记借去展出，占据了满满一个展柜。这使我感到自豪，也鞭策自己继续努力。

俗话说，"好记性不如烂笔头"。记实验笔记，虽然表面上看起来会花费一些时间，却能起到事半功倍的作用。

总结起来，作实验笔记的好处主要有三点。

一是学习使用新仪器设备的时候，可以记录其工作原理、操作过程、注意事项等内容，便于迅速上手。即使相隔一段时间，也不会感觉生疏，很快就能回忆起来。

二是详细记录实验细节、及时分析实验结果，便于还原实验条件、重复实验数据。如果出现意料之外的实验结果，也容易分析其出现的原因。

三是准确记录实验时间，可以掌控实验节奏，有利于进行"时间管理"。读博期间，我一直担任"双肩挑"辅导员，做"时间管理"遇到的一大困境就是，一旦做起实验来，无法准确把握时间，这给我开展辅导员工作带来很大的麻烦。每次想找学生谈话，或者需要参加集体活动，之前的相当一段时间内，我都心神不宁，什么实验也不敢做，生怕错过了时间。后来，为了解决这个问题，我尝试着把每个实验步骤所花费的时间都记下来，使自己心中有数。尽管实验存在一定的不确定性，进度不完全可控，但是因为心中有数，有案可查，仍然可以增加对时间的掌控感。

除此之外，我还在电脑里建立了一个专门记录"科研灵感"的文件夹。

很多同学为自己做科研没有"灵感"而感到苦恼。那么,"灵感"从何而来呢?可以通过阅读教材、文献等参考资料汲取知识,获得启迪;可以与同行广泛讨论,思想碰撞出火花;也需要"灵机一动",分析现有的实验结果,构建逻辑链,产生新想法。

既然"灵感"得来不易,就要格外珍惜。如果仅仅让这些"灵感"停留在大脑中,使用时还需要再提取,耗时耗力,还可能遗忘,不如将其原汁原味地记录下来。

在推进课题研究的过程中,比上述这些"方法"更重要的,是时间的投入。

在清华读书期间,我听说了薛其坤院士早年在日本东北大学金属材料研究所樱井利夫教授课题组工作的故事。樱井利夫课题组是出了名的严格,被称为"7-11"实验室,要求学生每天早晨7点之前必须来实验室,晚上11点以后才能离开,中间无午休,仅有吃饭时间。不少同学受不了这样的煎熬,中途放弃了;而薛其坤院士却坚持下来,抱定决心要为中国人争口气。他每天第一个到实验室,最后一个离开,凭借扎实的功底和超常的付出,最终做出了出色的学术成果,顺利拿到了博士学位。回到清华之后,他延续着在日本期间养成的"7-11"的工作习惯,继续努力,厚积薄发,成为著名的物理学家,并率先提出了"量子反常霍尔效应",震惊世界。

而结构生物学家施一公院士也曾经引用前辈蒲慕明先生的话,对学生说:"我认为最重要的事情就是在实验室里的工作时间,当今一名成功的年轻科学家平均每周要有60小时左右的时间投入到实验

大学怎么过

室的研究工作。"他建议,每个人每天至少有6小时的紧张实验操作和2小时与科研直接相关的资料阅读。而文献和专业书籍的阅读,则应该在这些工作时间之外进行。

做科研是辛苦的,但又是值得的。既然选择了读博士,就要心无旁骛,充分利用这段青春岁月,以"智慧"为羽翼,在知识的广阔天空里尽情飞翔。

《居里夫人传》里面有一段对玛丽·居里在巴黎求学时光的描写,使我深深感动,心生向往:

> 玛丽后来大概还认识了别的快乐。但是在无限亲切的时刻,甚至于在胜利和光荣的时刻,这个永远钻研不息的学者从来不像在这种困苦和热心努力的时期中那样自满,那样骄傲;她把她的贫寒引以自傲,把她独立生活于异域引以自傲。她晚上在她那可怜的屋子里灯下工作的时候,觉得她那还很渺小的命运,似乎神秘地与她最为景仰的高尚生活联系起来,而她将成为过去的伟大学者的默默无闻的卑微同伴;那些人和她一样,也是关在光线不足的小屋子里,也是离开他们的时代,也是鞭策他们的才智使之超越已获得的知识范围。
>
> 是的,这英勇的四年,并不是玛丽·居里最快乐的日子,但是在她的眼里是最完美的日子,离她仰望的人类使命的极峰最近。一个人若是年轻而且孤独,完全专心于学问,虽然"不能自给",却过着最充实的生活。一种极大的热情使这个二十六岁的波兰女子能够无视她所忍受的窘

困，能够赞扬她的贫贱生活。到后来，恋爱，生男育女，作妻子和作母亲的忧虑，一种繁重的工作的复杂性，将把这个幻想者重新送进实际生活。但是在此刻这个有魔力支配的时期中，她虽然比以后任何时期都穷苦得多，却像一个婴儿那样无忧无虑。她轻松地在另外一个世界里翱翔，永远认为那是惟一的纯洁世界，惟一的真实世界！

|写论文，做报告|

选择适合的课题，掌握科学的方法，经过一段时间的努力，就会取得阶段性学术成果。这时候，就可以进入博士阶段的终极关卡：论文写作。

以理工科为例，常见的学术论文可以按照内容的不同，分为两大类。

一是研究论文（Research Paper），包括短文（Communication 或 Letter）和长文（Article 或 Full Paper）。通常而言，短文更强调结果的创新性，而长文则要求研究的完整性。

二是综述（Review）或者观点（Perspective）。针对某一学科领域，提纲挈领，或者条分缕析地介绍近期的研究进展，发表自己的看法，面向未来进行展望，多由高年级博士生、博士后，或者研究生导师来执笔撰写。

本小节，我们主要探讨研究论文的写作方法。

大学怎么过

2004年，美国化学家、哈佛大学乔治·怀特塞兹（George M. Whitesides）教授在材料科学领域的国际知名期刊 *Advanced Materials* 上发表了一篇标题为"Whitesides' Group: Writing a Paper"的文章，分享论文写作经验。他认为，论文写作可分为三步。

一是开展"头脑风暴"，整理已经取得的所有实验数据，思考还需要补充哪些实验，提出理论假设，提炼科学问题，概括核心思想。

二是以"Introduction（引言）、Results and Discussion（结果与讨论）、Conclusion（结论）"为脉络，梳理论文的写作思路。

三是使用准确、简洁的语言，搭配清晰、美观的图表，呈现数据，展示结论。

他尤其强调了"论文写作思路"的重要性，建议尽早做准备，不要等到所有实验都做完，才开始思考"我打算如何写论文"。

关于这一点，我自己深有体会。

2015年秋季，我在课题研究中取得了突破性进展，开发出一种实现可升华离子型过渡金属配合物的通用设计策略。在导师的鼓励下，我着手总结这部分学术成果。首先，我花了一个月左右的时间，整理实验结果，处理实验数据，完成论文作图。然后，我征得导师同意，决定将这部分工作写成一篇长文。

中小学阶段，我的作文成绩一直很好，对"写作"这件事并无畏难心理。我想，"写论文"大概与"写作文"类似，都是从"模仿"开始。这里所说的"模仿"当然不是"抄袭"，而是通过阅读文献，看看其他人的论文都是怎么写的，了解其思路，把握其精髓，再"迁移"到自己的论文中来。这就要用到前面所说的"文献阅读"基本功了。

于是，我又花了一个月左右的时间，囫囵吞枣地阅读了我所在的研究领域内的几篇经典论文，然后，照葫芦画瓢一般，飞快地写好了初稿。完工以后，我看着自己的"作品"，觉得非常满意，就迫不及待地拿去给导师看。

出乎意料的是，导师看过我的初稿之后，并不满意，提了许多意见，让我回来重写。

我没有想到导师会不满意，备受打击，原本得意的心情荡然无存，脑子一时转不过弯儿来，陷入失落的情绪中。时值国庆节，我就把论文暂时搁置，回家过节去了。

一周很快过去，返回北京之后，我的心情已经平静了许多，我重新坐下来，从电脑里调出论文初稿，静心阅读。随后，我又找出我们准备投稿的期刊上发表的其他论文仔细研究，发现导师说得有道理，我的论文初稿的思路并不清晰，既没有讲明白"我到底为什么要做这个研究"，也没有说清楚"这一工作的亮点到底在哪里"。

于是，我经过一周的思考，重新梳理出如下的论文写作思路。

一、课题意义与研究背景

有机发光器件（Organic Light-Emitting Diode, OLED）具有自发光、高亮度、宽视角、快响应、低能耗、低成本、超轻薄等优点，在平板显示和固态照明领域具有极大的应用潜力。OLED 的核心是有机发光材料，经历了从单线态荧光到三线态磷光的发展过程。目前，基于中性过渡金属配合物的磷光材料已得到广泛应用，但核心专利属于美国材料厂商。为突破这一体系，研究人员开始探索新型磷光材料：离子型过渡金属配合物。

离子型过渡金属配合物由发光阳离子和抗衡阴离子组成。发光阳离子以过渡金属为中心，被有机配体包围，形成螯合物；抗衡阴离子多为无机离子，如四氟硼酸根、六氟磷酸根等。离子型过渡金属配合物具有设计合成简单、光物理性质丰富、电化学性质稳定等优势，却因其离子特性而难以升华，只能使用溶液法制备发光层。溶液法虽然成本低廉，但所制薄膜的精密性、均一性不佳。相比之下，真空蒸镀法可用于制备多层薄膜，并进行梯度掺杂、图案化等，以实现优异的器件性能。为了开发可升华离子型过渡金属配合物，人们试图在阳离子中引入大位阻有机配体，增大阴阳离子间距，削弱离子键。然而，这种方法大大增加了材料设计合成的难度，缺乏普适性，相关的报道很少。

二、课题内容与主要结论

针对以上问题，我们提出可升华离子型过渡金属配合物的通用设计策略：引入氟原子、三氟甲基等吸电子基团，设计合成空间位阻大、电荷分散的四芳基硼类抗衡阴离子，增大材料的阴阳离子间距，一方面可降低离子堆叠、浓度猝灭，在不改变发光波长的同时，显著提高发光效率；另一方面又可削弱离子键，改善材料的可升华性质。

基于这种策略，以铱、钌为中心金属，设计合成含有不同有机配体的发光阳离子，开发一系列可升华离子型过渡金属配合物，发光波长从 448 nm（深蓝光）到 626 nm（红光），并由此制备了蓝光、绿光、红光 OLED，实现了高性能的电致发光。

明确了思路之后，我又花了两周时间把论文重写了一遍。这一次，导师看了我的修改稿，脸上露出笑容，鼓励我说："这下思路就清晰多了！"然后又进一步提出修改意见，让我回去继续完善。

如此这般，重复多次之后，导师终于满意了，帮我润色了语法细节、订正了错别字，说是可以投稿了。

于是，我长出一口气，回去查好待投期刊的模板，调整好格式，就投稿了。得益于这段精益求精的修改过程，这篇论文的投稿很顺利，大约一个月之后，就收到了审稿意见。期刊编辑邀请的两位审稿人，都给出了积极正面的评价，建议稍作修改。我们按照期刊编辑和审稿人的意见，又花了一周左右的时间进行修改，论文投回之后，很快就被接收了。

论文发表之后，我对这一过程进行了"复盘"。我意识到，取得初步的实验结果之后，就应该尽早开始思考，如何进行相关内容的论文写作，而且，要多跟老师、同学讨论交流，集思广益，博采众长。这样一方面有助于梳理思路，培养逻辑思维；另一方面可以更好地设计实验、推进课题研究，从而提高学术研究的整体效率。

大学怎么过

2020年春季,我完成了自己在博士后期间的一项重要课题。时值"新冠"在北美肆虐,我决定利用居家工作的时间,总结这部分学术成果,撰写一篇短文。

因为这一课题与我博士期间的研究领域相去甚远,我当时阅读的文献也不够多,所以刚开始写论文的时候,我一度觉得思路不畅,经常是坐在书桌前很久,都无法进入状态。

我拖延了几天,颇有种"躲得过初一,躲不过十五"的感觉,就对自己说:"反正迟早都要写,与其边拖延边焦虑,不如现在就开始吧!不管写得多么烂,写了就比没写强!"

我坐在电脑前,先新建一个文档,空出一行留作标题,把作者姓名、单位写上去;然后打开手机,看两眼新闻资讯,换换脑子,再把论文的框架搭起来,包括"摘要、背景介绍、结果与讨论、实验方法、主要结论"等;然后休息片刻,吃两块水果,再把我想引用的几篇参考文献录进去……甚至,我还发明了一个小窍门:前一晚结束工作、关闭电脑之前,留一些特别简单的任务,比如调整表格的字体、对换两张插图的位置、修改参考文献的格式等,将其记在一张便签纸上,贴到电脑屏幕上。这样,等到次日开始学习的时候,先从这些简单的任务做起,然后慢慢进入写作状态。

渐渐地,我觉得没有那么困难了,似乎找到了写论文的感觉。确实写不下去的时候,我就出门散散步,再回来洗个热水澡,睡一觉起来,又是全新的一天,觉得自己仿佛"满血复活"了。过了一个多月,我终于写完了初稿。虽然自己并不满意,但实在也是黔驴技穷,不知道该怎么修改了,我就把论文初稿发给合作导师,请他指导。

我的合作导师平时工作异常勤奋,效率也很高。第二天清早,我就收到了合作导师的回复邮件,顿时喜忧参半。

一方面,他肯定了我的写作思路与步骤,提出课题意义与研究背景;详述课题内容;概说课题研究主要结论。

另一方面,他又针对论文的写作细节、语言表达等方面,提出了很多修改意见,态度中肯,言辞犀利。这使我有些受挫,又陷入失落的情绪当中。

但这一次,我没有全凭一己之力,而是找来几位共同作者进行讨论,请他们帮我出谋划策,看如何修改为好。大家使用"线上会议",热烈讨论了一番,真的碰撞出了灵感的"火花"。会议结束之后,我很兴奋,马上坐下来修改,当天就把改好的稿子发给了各位共同作者,请他们在此基础上,再提意见。

也许是赋闲在家的缘故,没过几天,大家就纷纷回复了我的邮件,对论文的修改意见却不统一。毫不夸张地说,每个人都把我的稿子改得面目全非,打眼一瞧,整个文档一片红。

这给我带来了新的烦恼:明明知道意见多不是坏事,集思广益更有助于论文的完善,但我还是卡住了——从何改起呢?

于是,我想出了一个"笨办法"。因为宿舍没有打印机,我就把每一位作者发来的稿子都抄下来,一段一段、一行一行地做对比。这样一来,我就比较容易看出,哪部分谁写得更好。如果遇到一时难以判断的地方,我也会记录下来,再组织共同作者进行讨论……

这个"笨办法"确实花费了较多时间,却取得了不错的效果,我终于将论文修改完毕,获得了合作导师的好评。

后来,我意识到,有时候不必太追求高效率,与其因为"追求高效率"而心情浮躁、难以启动,还不如用一些"笨办法",多花一些时间,深思熟虑,耐心推进工作。

和研究论文有所不同,博士论文的写作对系统性、逻辑性、完整性要求更高。

动笔撰写博士论文之前,建议先阅读同一领域前辈的博士论文,了解其写作框架。

以我所在的物理化学专业为例。博士论文的写作框架,主要包括:摘要、引言、实验方法与技术、实验结果与讨论、结论、参考文献、致谢、声明、个人简历、在学期间发表的学术论文与研究成果等。

我的博士论文题目为《高性能离子型铱配合物的分子设计及其发光性能研究》,其中的写作思路与逻辑关系如下。

首先是引言。引言类似于文献综述,如同剥洋葱一般,一层一层聚焦到具体研究对象,阐明我为什么要做这个研究。

我博士论文的引言以本章引论开篇,从宏观出发,首先介绍"有机电子学":它是一门新兴的交叉学科,涉及化学、材料学、物理学、电子学等;然后总结"有机电子学"的主要研究内容:有机电子材料的结构与功能,有机电子器件的结构设计、光电特性、制备技术与工艺等;最后概述"有机电子学"的发展现状,包括有机发光二极管、有机太阳能电池、有机薄膜场效应晶体管、有机传感器、有机激光器等有机电子器件的开发与优化,从而引出我博士论文的研究方向:"有机发光二极管"。

引言的第二部分,展开介绍"有机发光二极管"。首先,说明"有机发光二极管"具有自发光、高亮度、宽视角、快响应、低能耗、低成本、超轻薄、可柔性化以及在低温条件下能正常工作等优点,目前已广泛用于平板显示领域,如手机、数码相机、数字随身听、视频眼镜等电子产品的显示屏;同时,在固态照明领域亦具有极大的应用潜力。然后,回顾"有机发光二极管"的发展沿革:从基于有机蒽单晶的电致发光器件(无实际应用价值),到基于荧光材料——小分子、高分子半导体薄膜的"有机发光二极管"(有实际应用价值),再到基于磷光材料——过渡金属配合物的"有机发光二极管"(性能提高)。最后,聚焦到"磷光材料"上面来,对其进行分类,从而引出我博士论文的研究对象:"离子型铱配合物"。

引言的第三部分,展开介绍"离子型铱配合物",总结其材料结构与性能之间的关系,归纳目前的研究现状,提炼其中的关键问题,给出相应的解决方法,也就是我博士论文研究思路与内容。

引言之后,需要介绍一下博士论文所涉及的实验方法与技术,包括所用到的试剂、实验方法、表征手段等。然后,进入"实验结果与讨论"环节,分为几章,每章又包括引论、具体内容和小结,和期刊上发表的研究论文类似。

然后是结论,先概括说明自己做了哪些研究,得出了什么结论。然后,用一句话高度凝练博士论文的核心思想:"研究表明,高效

大学怎么过

率、可升华离子型铱配合物是适用于有机发光二极管的新型磷光材料"。这就回答了引言提出的关键问题,前后呼应、有始有终。

之后就是参考文献,注意引用规范、格式正确。再之后就是致谢、声明、个人简历、在学期间发表的学术论文与研究成果,内容与格式符合学校的统一要求即可。

以我自己的体会和通常经验,博士论文的写作要注意以下几点。

首先,要符合科学写作的基本规范,切忌出现抄袭、引用不当等学术不端现象。

其次,尽量采用"立论式"而非"驳论式",以我为主,全面、系统地论述自己的观点,力求在广度、深度、高度、厚度和力度方面产生效力。

最后,行文要简洁流畅,篇幅得当,不要冗长、啰唆。表述要客观准确,使用书面语言,避免出现错别字或者病句。结论要有理有据、可究可信,能定量就不要定性,少使用"差不多""大概""估计"等模糊词。作图要美观清晰,在图例中明确标注相关信息,但要尽量简洁,避免喧宾夺主。如果涉及公式、算法等,要使用专业软件进行编写。

博士论文通过评审之后,就要进行学位论文答辩了。

学位论文答辩是汇报自己在学期间所做的研究内容和取得的学术成果,既是对学位论文质量的最终检验,也是对学位申请人学术素养和综合能力的考查,因此需要充分展示出自己对专业知识掌握的深度、广度和当场论证论题的能力。

还是以我自己为例。我博士学位答辩的 PPT，依顺序分别是：

首页——答辩题目、答辩人姓名、导师信息和答辩日期；

目录页；

答辩提纲；

正文——课题背景与研究意义、论文研究内容、结论与展望、主要研究成果；

致谢。

学位答辩的时间通常只有一个小时左右，所以 PPT 不能太长，应该是博士论文的概括与提炼。比如，"课题背景与研究意义"部分，我就没有再宏观介绍"有机电子学"，而是在开篇直接介绍"有机发光二极管"的特点、结构与工作机理，简述其发光材料从荧光到磷光、再从电中性到离子型铱配合物的发展历程，阐明该研究领域现阶段存在的主要问题，然后提出博士论文的研究思路，很快就能聚焦于主题，相当于一个"迅速收敛"的过程。再之后，就展开介绍博士论文的研究内容，只讲核心数据、主要结论，条理分明、言简意赅即可。

那么，准备 PPT 又有哪些注意事项呢？

一般而言，博士学位答辩的 PPT 不要花里胡哨，少用动画效果，模板要简约，排版要美观，配色要协调。因为是"看图说话"，所以每页 PPT 的文字不要太多，可用短语替代长句，以图表的形式呈现主要内容，并将其中的重要信息，通过标红、加粗、使用斜体

大学怎么过

或下划线等方式标注出来,使人一目了然。

另外,内容要详略得当、重点突出,逻辑关系严密、前因后果分明,过渡自然、层层递进,将艰深的学术工作讲得像"侦探破案"一样精彩,用完整的证据链,一层一层剥开神秘的面纱,揭穿背后的真相,内容环环相扣,叙述引人入胜,结论水到渠成。

博士的英文缩写 PhD 的全称是"Doctor of Philosophy",而 Philosophy 代表其希腊语的原意,即"Love of Wisdom(热爱智慧)"。从这个角度来讲,博士的意义不只是学历、学位,而是对智慧、学问的追求。

硕博连读的五年里,在导师的引领与指导下,在同学的帮助与陪伴下,在家人的支持与关爱下,我披荆斩棘,意气风发地走在探索未知的道路上。我曾经开玩笑说:"科研虐我千百遍,我待科研如初恋。"此言不虚。"科研"充分满足了我的求知欲和好奇心,为我打开了一扇通往新世界的大门。"通关升级"不容易,但也是关关难过、关关过。硕博连读不仅让我掌握了专业知识,更锻炼了科研能力、逻辑思维,提升了表达能力。现如今,我已经博士毕业五年之久,每每回顾这段历程,仍然感慨万千。

读博崇尚"求真"。首先要"站在巨人的肩膀上",通过阅读教材、文献、专业书籍等多种渠道来获取知识,加以整合加工,深入思考,产生新的见解;或者,提出新的假设,然后通过实验、调研等方式进行验证,创造新的知识。这个过程可能会很长,要静得下心,沉得住气,耐得住寂寞,经得起考验。

读博充满"思辨"。要想形成自己的观点，往往需要在现有知识的基础上，触类旁通，举一反三，梳理脉络，总结规律，从而得出结论。具体的研究课题只是一个"抓手"，其中涉及的思维训练才是关键。这个过程可能会很难，要有"衣带渐宽终不悔，为伊消得人憔悴"的意志力，潜心以求，孜孜不倦。

读博需要"立言"。形成自己的观点之后，就要表达出来，既起到传播作用，又要引起关注、启迪思考，构建与他人沟通的桥梁。写作是思维的外化，而分析性、说理性的写作，正是以丰富的知识、清晰的思维为基础，证据确凿，逻辑严谨，才能使人信服。

读博更能"练心"。论文写作时，思路要清晰流畅，精力要高度集中，灵感更是"可遇而不可求"。好不容易写完了，又要精雕细琢、反复修改。这是艰难的过程，同时也是重要的"锤炼"机会，使人从自信到自卑，再从自卑到自信，进而获得丰富的体验，实现心灵的成长。

毋庸讳言，读博是一场艰苦而灿烂的修行。

Chapter 5　　　　　　　　　　　　　第五章

做个快乐
读书人

学在清华，快乐总在其中
事与愿违，也要为所当为
见贤思齐，但不妄自菲薄
接纳情绪，聚焦问题解决

大学怎么过

当今社会,工作压力大、生活节奏快。对许多人来说,"快乐"似乎成为一种奢侈品。

在清华读书的九年里,我曾受到学习与生活中的各种困扰而产生情绪波动,感觉不快乐;也曾听到周围同学抱怨说,每天奔波于课程、活动、实习等各种任务之间,充实而疲惫,却不知道这到底是不是自己想要的生活,难以感受到发自内心的快乐。

需要承认,我们每个人经历的困难多种多样,不尽相同,但背后却是相似的心路历程:当理想与现实出现偏差的时候,感到痛苦,与此同时,进行观察、思考和觉知,短暂的"躺平"之后,逐渐接纳痛苦、调整情绪,适应现状,做好当下,走向未来。

在成长的道路上,每一个坚韧而勇敢的追梦人,都值得拥有更加快乐的人生。

学在清华,快乐总在其中

清华人,你为什么不快乐?

这是我和不少清华同学探讨过的一个问题。

后来我们发现，其实答案很简单，因为高考不考啊。

这不是在"抖机灵"。

试想，假设高考有一附加科目是"快乐"，即，在高考开始之前，用科学的手段准确测量每位考生的"快乐指数"，然后从高到低进行排序，给出相应的分数，计入高考成绩。那么，情况又会如何呢？

第一种可能，是现有的清华人，有不小的概率会失利，换成另一批同学考进来。

第二种可能，是现有的清华人更加重视"快乐"，并发挥自己出色的学习能力，在中小学阶段，努力成为一个"快乐"的人，最终如愿以偿，考了进来。

不管是以上哪种可能，结果都是类似的，即，清华园里的"快乐指数"会提高。

之所以这样假设，是因为我发现，或者说我们发现，不少人会想当然地认为，"学业优秀"的人就应该感到更加自信和快乐。但事实并非如此，那些认为"你都考上清华了，为什么还不开心"和"我要是能考上清华，半夜做梦都会笑醒"的人，其实很难理解清华人的烦恼。

在此，我无意探讨国家教育体制和高考制度的利弊，也并非诟病清华学子。

我想说的是两个观点。

首先，人们可以选择"快乐"或者"不快乐"，二者只是不一样，并无好坏之分。"快乐"与否，和获得学业成功、发挥个人价值

大学怎么过

也没有必然的联系。

其次,短期的"快乐"是一种感受,而长期的"快乐"则是一种能力。这种能力不是天生的,而是需要通过后天训练来掌握和提高。

在清华读博期间,我曾经有过一段漫长的情绪困扰。

现在回想起来,那段心中阴霾重重的日子,开端并无任何特别之处:2014年秋天,博士课题取得了阶段性成果,我便着手整理这部分工作,撰写研究论文。这本来是一件好事,可是没想到过程却并不顺利,负面情绪由此产生。

我会因为写论文思路不清晰而自我攻击:"我为什么就做不好呢,真是太差了!"会因为写论文出现状态起伏而耿耿于怀:"我要是一直写不出来可怎么办呀?"也会因为读到一篇发表在高水平期刊上的文献而自惭形秽:"什么时候我才能写出这么好的论文啊!"

如前文所说,当负面情绪袭来时,我曾经尝试过多种方法进行调整。学习效率不高的时候,我会闭上眼睛,听一会儿音乐,调整一下心情;科学问题想不明白的时候,我会在操场上一圈一圈地跑步,一边跑步一边继续思考;心情特别低落的时候,我会放下手头的科研工作,出去逛个街,看一场电影,或者索性回到宿舍,在床上躺平……

但是,这些方法只能管用一阵子,之后就没有效果了。我的负面情绪来源于学业,却逐渐辐射到生活的方方面面:科研压力之下,我开始失眠,晚上睡不好觉,白天就五心烦躁,原有的兴趣爱好一一搁置，辅导员工作和乒乓球训练虽然坚持做着，但是与学生谈话时，我明显感觉自己不如之前那么有耐心，面对学生的求助，经常觉得很无力；打起乒乓球来，我也难以集中精力，整个人都提不起精神来。

我自己调整了一段时间，实在扛不住了，就向师长和朋友寻求帮助。

他们对我说了很多话，有迎头棒喝，有一箭扎心，也有温暖的支持和热情的鼓励。

他们说，不一定是你自己做得不好，也可能是参照系出了问题。你跟专家学者比知识，跟师兄师姐比科研，跟体育特长生比球技，跟思政教师比谈心，你咋不上天呢？

他们说，睡不好觉本身不是问题，没听说哪个人是困死的。但是，如果你要求自己躺下就必须马上睡着，否则就觉得是浪费时间，那才是问题。

他们说，"不快乐"也没有什么了不起，多少不快乐的人一样走在优秀的道路上。

他们说，你要有追求卓越的能力和心气，也要有接受平凡的智慧和勇气。

他们还说，每个人都那么不一样，你是独特的存在，做你自己就好。

……

博士毕业之后，我又经历了一段漫长和艰难的思考期。这些声音在我的耳边持续响起，又在我的心底逐渐扎根。

大学怎么过

我慢慢理解了当年的自己。

清华就像是一个高端超市,里面摆满了各种生猛海鲜、有机蔬果,价格昂贵得令人咂舌。身在其中的我们,难免感到自卑,觉得自己灰头土脸、默默无闻;有朝一日,走出园子一看,才发现自己其实身价不菲,在平价超市里仍然是无比耀眼的存在。

以我自己为例。在校乒乓球队训练的六年里,我总是跟体育特长生交手,屡战屡败,一度信心全无,对自己充满怀疑,对乒乓球的兴趣也大打折扣。后来,我参加多伦多大学乒乓球俱乐部组织的比赛,一路高歌猛进杀入了女单决赛,只输给了某国国家队退役的一名运动员。我这才恍然大悟,发现原来自己也算是不错的业余选手呢。

同时,清华人习惯于见贤思齐,过分关注周围同学的过人之处。谈笑间,常常提及这学神、那学霸,竞赛生羡慕高考生的扎实,高考生又羡慕竞赛生的特长,以偏概全地认为别人什么都好,而忽略了自己身上的闪光点。

还是以我自己为例。我曾一度纠结于学习状态的跌宕起伏,忽而飘上云端,进入"高能态";忽而掉入低谷,处于"低能态"。前者使我产生不合理期待,以为自己所向披靡,无所不能,从而制定一个远超自己能力范围的目标。然而,"高能态"无法长久保持,"低能态"便接踵而至,使我变得萎靡不振,难以完成目标,从而对自己失去信心。

更使我感到困惑的是,与我一起长大的双胞胎姐姐,同在清华,却能够每天保持稳定的时间投入,学习效率很少出现波动。后来,我研读了不少相关书籍，发现这背后的原因，其实是我们的神经生理特点不同。我向来是"百米选手"，以短时间内高效率冲刺为特点，爆发力好，就不能苛求自己像姐姐那样，拥有"马拉松运动员"一般的稳定与耐力。与此同时，我享受百米冲刺般的"巅峰体验"，就必须跑一跑、歇一歇，避免因为用力过猛而导致抽筋。

我决定顺其自然。过了一段时间，我发现自己"高能态""低能态"的交替周期差不多是一个月，就试着把"时间轴"拉长，以月为单位，回顾和总结自己的学业进展，尽量使自己每个月都有稳定的学术产出，学习与工作的"心律"也就逐渐平稳了。

另外，不同于"吃喝玩耍"带来的快乐，清华人对"快乐"的体验，常有明显的路径依赖：设立一个艰难目标，为目标而痛苦，在痛苦中努力，努力实现目标，快乐一瞬间，再设立下一个艰难目标……

我对此深有体会。保送清华之后，我每天去体校，和一群小学生一起学乒乓球。教练每次讲解新动作之后，大家就纷纷散开，回到各自的球台前做练习。有的学生，练几下就以为自己会了，于是东张西望，嘻嘻哈哈地看别人练球，直到教练走过来纠正动作。有的学生，则一边练习，一边观察别人是怎么做的，找出其中的不同，进一步完善自己的动作。我观察发现，前者总显得轻松愉快，被教练批评了也不太在意，好像乒乓球只是他们生活的点缀而远非全部。后者却非常严肃认真，必须把每个动作都练会、练好了，脸上才会露出短暂的、喜悦的笑容。对于大多数人而言，反复练习是提高球技的前提，因此，往往是那些严肃认真、勤学苦练的选手才能够脱

大学怎么过

颖而出,成为优秀的运动员。

有同学说,自己没办法把"追求快乐"置于"目标达成"之上,因为达不到目标就不会快乐。这背后呈现的,其实是一种价值观。这种价值观本身没有错,毕竟我们作为新时代的大学生,肩负建设祖国、振兴中华的重任。但是,如果希望同时满足"追求快乐"和"目标达成",又暂时缺乏"追求快乐"的能力,矛盾就出现了。

虽然,这个矛盾并非不可攻破,但是,要想鱼和熊掌兼得,明显比单纯"追求快乐"或者单纯追求"目标达成"要困难许多。这种二者兼顾的能力需要特别的训练:首先,要把"追求快乐"也放入自己的价值观体系,其次才是具体的训练方法。

除了增加体育锻炼、发展业余爱好、保证饮食睡眠、适当倾诉宣泄等常规方法之外,我还通过自己的亲身经历,提炼总结出以下六个方法。

第一个方法,是挖掘困难背后的"钻石矿"。

假设每个困难都会以某种方式,成为我们未来生命中的宝贵财富,那么,让我们来认真地想一想,这种财富可能是什么呢?比如,有的同学梦想成为作家,就把自己吃过的苦、流过的泪,都视作"体验生活"的过程,为今后的文学创作积累素材。又如,有的同学相信"运气守恒",就把自己所有的烦心事、倒霉事,都定义为"攒运气","大落"为"大起"而蓄势。再比如,我曾经也渴望自己的学业与科研一切顺利,当现实与理想不一致时,内心就产生了矛盾与冲突。可是后来，我当了辅导员，又开始做学业咨询，就萌发了一个新想法：感谢我曾经遭遇的种种挫折，是它们帮助我贴近和理解同样面临困难的同学们。这样一想，对事情的看法也许就会不一样了。

第二个方法，是寻找将来也许的"小期待"。

罗列现阶段想做的一些小事，虽然由于某些原因一时做不了，却可以变成"将来也许"。比如，我喜欢中国女排，那我的"小期待"就是想看中国女排在更多的比赛中捧金摘银。又如，我爱吃甜品，想要吃遍世界各地的冰激凌，所以我就希望能有机会云游四海。再比如，我是个铁杆影迷，就会关注最近又拍了哪些好电影，心心念念盼着它们上映……即使没有这些特别的兴趣爱好，"想宅在宿舍看综艺"和"考完试要大睡三天"也足以成为"小期待"，在艰难的时刻，为我们提供重要的心理支持。

第三个方法，是创造日常生活的"新鲜事"。

做些跟以往习惯不一样的小事。比如，有的同学喜欢梳一条马尾辫，可以换个新发型，或者戴一个新发夹。又如，有的同学平时都右手用筷、刷牙，现在不妨试试左手，创造一点新体验。再比如，我做博士后期间，住得离学校比较远，就时不时地开辟一条新路线，从宿舍走到实验室，一边走，一边欣赏沿途的风景，心情也变得明亮起来。这些"新鲜事"看起来微不足道，却能增添日常的乐趣，使生活不再单调和重复。

大学怎么过

第四个方法，是记录身边发生的"一则笑话"。

这个"创意"源于我担任"双肩挑"辅导员的经历。我所带的2012级新生入学军训期间，我和兄弟院系的辅导员朝夕相处，感情深厚。聊天的时候，我们常常说起自己所带学生身上发生的各种趣事："有个学生在填表时，'政治面貌'一栏里写的是'清白'，'主要社会关系'一栏里填的是刚认识的大学室友的名字！""军训开始两天后，一名学生才发现，自己脚上穿着的两只解放鞋都是右脚！""紧急集合之后，我发现一个学生把迷彩汗衫前后穿反了！"……大家开怀大笑，心里充满了对同学们由衷的喜爱。后来，我们将这些趣事整理起来，投稿给学校的辅导员专刊，留下了一段美好的青春记忆。

第五个方法，是记录当天发生的"三件好事"。

这是积极心理学里常用的方法，意思是每天记录三件发生在自己身上的"好事"，坚持下来，就能明显提高人们的幸福感。因为，世界不是缺少"美"，只是缺少善于发现"美"的眼睛；生活不是缺少"乐"，而是缺少善于感知"乐"的心灵。这个方法，我很早以前就听说过，但觉得过于简单，一直不屑于用。2020年春天，新冠病毒肆虐全球，多伦多封城，实验室停工，我每天一个人待在宿舍里，感觉很苦闷，才抱着试试看的态度用了起来。我在日记本上记录了许多"好事"，大到"看到一篇有趣的文献"与"写论文很顺手"，小到"买的橘子真甜"和"天气很晴朗"，这些大大小小的"好事"，使我从点滴生活中品咂出滋味，体会到快乐。

第六个方法，是培养积极思维的"快乐游戏"。

这是从经典儿童文学作品《波利安娜》里学来的，即，从不开心的事情中努力找出快乐的理由，理由越难找，寻找的过程就越有趣。书中的主人公波利安娜，童年时期想要一个布娃娃，却收到一根小拐杖，这个小拐杖一直玩到成年、恋爱、结婚。"快乐游戏"支撑她度过了许多难关，影响着周围人乃至全世界的读者们，相信也会对今天的我们有所帮助。比如，课题进展不顺利的时候，不妨想一想"反常的背后是未知，仔细钻研下去，说不定会有新发现"。研究论文被拒稿的时候，可以想一想"这说明这篇论文还有提升的空间，需要静下心来打磨"等，养成这样的思维习惯之后，心情自然会变好。

在本小节的最后，想说的是，不管未来如何，人们所经历的痛苦或者喜悦、煎熬或者欢笑，都是有价值的。所谓"心在事上练"，我们正是在面对困难、战胜困难，认识自我、超越自我的过程中，不断砥砺意志品质，完善自己的人格，最终走向成熟，从而感到真正的、长久的、发自内心的快乐。

事与愿违，也要为所当为

大一军训期间，清华校刊印发了一篇题为《北大是泉水，清华是岩浆》的文章，在新生中间风靡。文章开篇动人地说："很多人生

大学怎么过

平的第一次骄傲感,是从戴上北大或清华的校徽开始的。"

这句话深得我心。晚上回宿舍之后,我特地翻出淡绿色的清华校徽,托在手里,仔细端详,觉得无比幸福。

后来我发现,很多人生平的第一次挫败感,是在清华上第一堂课开始的。

我的挫败感,最初就源于上课听不懂。

大一学年秋季学期,我选修了一元微积分、几何与代数两门数学课,都曾经学得很吃力。课堂上,周围同学跟老师频频互动,时不时还做出颖悟的表情,而我傻傻地坐在他们中间,两眼鳏鳏、一头雾水,难以融入其中。

这种感觉使我惶恐不安,我由此对自己产生了怀疑,"杂念"也随之而来。

我常会在上课的时候,突然想到,"我为什么连课都听不懂呢?"或者"哎呀,我要是赶不上趟儿怎么办?"甚至"这样下去,我考试能及格吗?"我又觉得,这样胡思乱想实在耽误时间,就跟自己较劲,告诫自己"别胡思乱想,别胡思乱想",一边发现自己其实还在胡思乱想……

可想而知,这样的"杂念"给我带来了很大的困扰。

一个好朋友知道了,对我说:"没关系呀,上课时偶尔走神又能怎么样呢?"

我忧心忡忡地说:"可是,老师讲课节奏那么快、涉及内容那么多,讲完了就过去了,没听到就再也听不到了。"

好朋友建议说:"那你观察一下,到底是听进去的多,还是漏掉的多？"

我真的静下心来，仔细观察了一番，发现其实"杂念"对我学习的影响并没有想象得那么大。也就是说，虽然我有很多"杂念"，虽然我不能全神贯注地听课，但我仍然能在课堂上学到不少知识，没听到、漏过去的内容肯定有，但并不应当成为我关注的重点。

后来，好朋友又说："你有没有想过，自己在什么情况下，会产生'杂念'呢？"

我当即愣住。是啊，什么情况下，我会产生"杂念"呢？跟亲朋好友聊天、看课外书、休息娱乐的时候，我都不会产生"杂念"。或者说，也可能有很多"杂念"客观存在着，但是，我却好像从未在意过。

好朋友一针见血地说："这说明你上课的时候很专注。"

我还没反应过来，她又说："那你怎样看待自己的这份'专注'呢？"

我沉默片刻，沉思许久，突然有种"拨云见日"的感觉。

我意识到，我对自己的学习状态，其实一直有着不合理的"高期待"。我希望自己上课认真听讲，就必须"把老师讲的每一句话都记下来"，不漏掉任何细节。我希望自己考试取得好成绩，只要会的题目，就必须做对。我甚至希望自己时刻保持极高的效率，状态稍有起伏就烦躁不安，无法接受"慢工出细活"……

我还意识到，"高期待"也是我动力的来源，我为此付出了艰苦的努力，也的确在过往的学习过程中，取得了出色的成绩，圆梦清华。但与此同时，凡事过犹不及，不能用力过猛。"高期待"也会导

大学怎么过

致自我耗竭——犹如橡皮筋绷得太紧,就会失去弹性而最终断掉。

于是,我开始改变。上课听不懂没关系,课后多花点时间复习就好;题目不会做没关系,对着参考答案弄明白即可;学习效率低也没关系,学着学着就会找到感觉的……放下沉重的心理包袱,轻装上阵,才能心无旁骛地享受学习知识的乐趣。

2010年夏天,我信心满满地参加了系学生会主席的竞选,却失利了。选举结束后很久,我都快快不乐,既哀叹自己之前所做的种种努力都付诸东流,又想不明白自己到底哪里做得不够好。挫败感像一张沉重的网,将我紧紧笼罩。

辅导员看到我状态不对劲,就主动找我谈心。

他开门见山地说:"没选上学生会主席,你有什么想法?"

我委屈地说:"我觉得我平时对待工作都很认真呀,为什么大家不支持我呢?"

辅导员先是耐心地听我讲述了自己承担的各项工作,又为我疏导了情绪,然后说:"你的努力,我们都看在眼里,你自己的工作确实做得很好,但这只是其中的一个方面。另一方面,你有没有想过,和当选的那位同学相比,你自己身上还有哪些不足呢?"

辅导员的话,促使我开始思考。我发现,自己竞选学生会主席失利的根本原因在于,我其实并不善于跟别人交流。

中小学阶段,我的生活范围很小,内容极其单纯,除了学习、游戏、运动之外,就是坐在家里,一本接着一本地读课外书。这使我非常缺乏人际交往的经验,家里来了客人,如果爸爸妈妈不在家,需要我出面接待，我都不知道跟人家聊点什么好，只能尴尬地笑笑。

上大学之后，周围的同学来自祖国各地。军训间隙，大家坐在林荫下聊天，我总是插不上话，就安安静静地旁听，心里很羡慕那些"自来熟"、爱说话的同学。军训结束，我又忙于课程学习和班级工作，平时总是独来独往，一个人吃饭、一个人上自习，除了帮助同学们答疑解惑，或者组织课外活动，与周围人的交流其实并不多。

我此前虽然也隐约意识到了这个问题，但是，并没有真正重视起来。现在竞选失利，反而提醒了我。

想到这里，我对辅导员说："我可能还是性格太内向了，和同学们交流太少了。"

辅导员说："性格内向本身不是问题，但是，如果影响到你和同学们之间的交流，或者对你开展工作不利，确实应该调整一下。"

我说："那我要怎么调整才好呢？不是说'江山易改，本性难移'吗？"

辅导员说："我们不一定要改变性格，但可以提升能力。比如，如何与不那么熟悉的人顺畅地聊天。这种能力不是天生就有的，也是需要通过训练来学习和提高的。训练方法很简单，就是模仿、重复、调整、创新。"然后，辅导员建议我，先观察别的同学之间怎么聊天，哪些是大家普遍关心的话题，跟什么样的同学适合聊什么样的内容，等等，然后尝试参与其中，循序渐进地提升自己的人际交往能力。

过了一段时间，我发现，同学们喜欢聊的话题与入学时间长短有关。

大学怎么过

新生喜欢聊的话题主要有三个：一是高考经历，比如，考的是哪套卷子，数学难不难，作文题目是什么；二是家乡习俗，比如，家乡话的发音特点，喜欢喝甜豆浆还是咸豆浆，过年吃水饺还是汤圆；三是入学感想，比如，坐火车还是飞机来的北京，有没有去过天安门、颐和园和故宫，上大学之前会不会骑自行车，等等。

高年级同学喜欢聊的话题则有所不同：一是学业情况，平时可以聊聊课程难度、作业多少、老师轶事等，在考试周临近时，则需要发泄情绪，抱团取暖，互相鼓励与陪伴；二是发展规划，比如，本科毕业之后是否打算深造、相关考试的准备情况、未来职业选择等；三是时事政治，比如，全球经济走势、周边国际关系、重大新闻事件，等等。

又过了一段时间，我也加入了"闲聊"的队伍，慢慢跟大家熟络起来，共同的话题也多了。如果说，刚开始我参与"闲聊"，主动发起对话，还有些刻意锻炼自己社交能力的动机，后来就完全是发自内心地想与大家交流，并且从中感受到人际互动的快乐，也收获了珍贵的同窗情谊。

2015年暑假，我到德国明斯特大学访问。

由于办理签证手续耽搁了一些时间，我只租到了一间距离学校足有10公里之远的公寓，每天需要换乘两趟公交车上下学，单程就要花费一个小时左右的时间。这样的"通勤"对我来说，实在罕见：从小学到高中，我家到学校的距离都很近，步行不超过一刻钟。考到清华之后，我更是习惯了宿舍、食堂、教学楼之间"三点一线"

的简单生活，每天骑着自行车，飞快地穿梭在校园里，就可以满足几乎全部的生活需求。再加上学业、科研繁忙，我很少出校门，自然也就没有乘车的必要。

起初，我觉得很懊恼：自己万里迢迢出国访学，居然把大把的时间浪费在上下学路上，实在是不值得。后来，我却发现，坐公交车能够更真实地接触到国外的社会生活，于是就入乡随俗地开始了自己的"通勤"之旅。

明斯特的公交系统比较发达，每个车站都有醒目标牌，还配有带顶棚的等候座椅，舒适干净。而且，几乎每个车站都有详细的示意图，包括全城的公交线路图、通过该站的所有公交车编号及其到站时间。较大的车站还有一个电子显示屏，实时显示公交车到站的时间，相当准确，前后不超过一分钟。

我喜欢公交车的环境：车内，宽敞明亮，摆放着湖蓝或深红色绒面的固定座椅，分为朝前、朝后和背对车窗三种，方便有需要的乘客照顾手推车内的婴儿。中间过道里设有横杆，可供站立的乘客伸手抓扶，横杆上设有"抓手"，有长有短，方便不同身高的人使用。每节车厢的前端，装有一个电子显示屏，实时显示线路、即将到站等信息。车内，随处可见红色的停车按键，有高有低，不管是成年人还是孩童，都触手可及，即将到站的时候，按一下示意司机停车——如果无人上下车，则可能过站不停。司机大多穿着浅蓝色衬衣配深蓝色长裤或者长裙，态度和气，面带笑容，对待乘客耐心而热情。

我最喜欢的是其中蕴含着的人文关怀：在公交车上，我经常看

大学怎么过

到年轻的父母推着手推车,儿童乖巧地坐在车里,父母也省心省力。每到一站,车停靠时,右侧车门会适当下降,使其车身向右侧倾斜,车门与地面几乎持平,方便手推车上下。如果是残疾人,可请周围人帮忙,将车门处的一块连接板掀起来与地面形成斜面,然后操纵轮椅,安全上下车,这使他们可以独自出门、畅通无阻。

渐渐地,我开始享受这样的"通勤"生活,每天将自己在公交车上的所见所闻、所思所想写进日记,然后整理成一篇长长的散文《公交车上看德国》,作为自己访学的纪念。

在散文的结尾,我这样写道:

> 今天最后一次乘坐明斯特的公交车。公交车缓缓地行驶着,车里是尽职尽责、面带微笑的司机,窗外是刚刚熟悉起来的街道和风景。我默默品味这短暂的访学生活,有独在异乡的寂寞,也有潜心科研的快乐;有静心凝神的思考,也有内心成长的收获。更重要的是,我发现了一个简单的道理:人生漫长,总会遇到事与愿违的情况,与其停下来、哭泣、抱怨,不如顺其自然、为所当为。

2016年春天,正在读博士的我突然开始花粉过敏,眼睛发痒,喷嚏不断,涕泗滂沱,简直难受至极。

起初,我每天心烦意乱,寝食难安,不停地用手揉眼睛,过敏的症状非但没有缓解,反而进一步加剧。没过多久,我就被折磨得衣带渐宽,萎靡不振。我一看这样不行,既透支了身体,又耽误了学习,就下决心改变。

于是，我先向导师说明了自己的情况，请了一段时间病假，暂时不去实验室工作，尽量待在宿舍里。我又买来口罩和护目镜，只要出了楼门，就将自己的口鼻和眼睛严严实实地遮蔽起来，尽量隔绝过敏原。我还去校医院开了几种抗过敏药，逐一进行尝试，最终找到一款相对适合自己的药物，服用之后，症状稍有缓解。

药物带来的主要副作用是嗜睡。要是搁在以前，我多半会为此产生新的烦恼，觉得耽误了宝贵的学习时间。但是这一次，我说服自己接受了——睡觉可以减轻不适，还可以养精蓄锐。何况，不接受又能怎样呢？眼下，我只能"两害相权取其轻"了。

在宿舍学习也是我此前从未尝试过的。从大一开始，班主任、辅导员就鼓励我们去教学楼上自习。可是这一次，我只能大门不出、二门不迈地待在宿舍。为了营造良好的工作氛围，我把宿舍收拾干净，并将容易导致分心的小说和零食全部打包装箱，放在视野范围之外，每天端坐于书桌前，心静如水地学习。没有了选择的余地，也就避免了内心的纠结，学习效率反而提高了许多。我利用这段时间，写了一篇综述论文，投稿给材料科学领域的顶级期刊。

论文投出不久，花粉季过去了，我又恢复了实验室的工作。由于在宿舍"养病"耽误了几周的时间，我心情变得有些焦虑，晚上频繁失眠，导致第二天精力难以集中，实验出现各种失误，从而进一步影响了课题进度，造成恶性循环。

一天中午，我去学习发展中心开会。一位熟悉的咨询师姐姐看到我脸色不好，情绪也不高，会议结束之后，她问我发生什么事情了，要不要聊一聊？

大学怎么过

我点点头,跟在咨询师姐姐身后,走进一间咨询室,与她相对而坐。然后,我打开话匣子,讲述了自己近期的烦恼。

咨询师姐姐先安抚了我的情绪,又说:"打破这种循环,可以有两个思路:一是预防焦虑,缓解课题进展不顺而带来的焦虑;二是应对焦虑,降低焦虑对自己下一步课题进展的影响。我们先来看第一个。实验延期,是怎么使你感觉焦虑的呢?这里面都有哪些想法?"

在她的启发下,我发现,引发我焦虑情绪的,其实是如下的逻辑链条。

一是关于未来发展的焦虑:实验延期意味着我无法按期完成课题,导致我无法按期发表研究论文,从而无法按期博士毕业。

二是不确定感带来的焦虑:实验延期还意味着我不能马上知道实验结果如何,能否验证理论假设、达到预期效果,导致我不确定自己的课题何时才能柳暗花明。

咨询师姐姐分析说:"所以,导致你焦虑的主要原因有两个:一是'威胁',你担心自己无法按期博士毕业;二是'关切',你非常关注这个课题的进展。关于'威胁',你可以想一想,你担心的事情真的会发生吗?它发生的概率有多大?"

我说:"大家都有类似的担心吧。不过,我觉得耽误一两个月,应该不至于影响我博士毕业吧。这样一想,好像就增加了一点掌控感,我也能淡定一些了。"

咨询师姐姐赞同地点点头,说:"那么,关于'关切',我很好奇,你为什么这么关注课题进展呢?"

我说:"肯定的呀,这是课题攻坚的关键时刻嘛。"

咨询师姐姐说:"所以,在这么紧要的关头,此时不焦虑,更待何时?我们不妨把'焦虑'换一个更具有积极意义的说法——'兴奋',你觉得如何?"

说到这里,我的心情顿时阳光起来。和"焦虑"相比,"兴奋"的确是一个使人感到愉快的词语。

咨询师姐姐又说:"我们再来看第二个,如何应对焦虑,降低焦虑对你下一步课题进展的影响?换句话说,你有可能做点什么,让自己在焦虑的同时,晚上也能睡个好觉?或者,即使晚上睡不好觉,第二天也能尽量集中精力?又或者,即使在精力不集中的情况下,也能尽量避免实验失误呢?"

于是,我们就这一话题展开了详细讨论。我意识到,我大概属于神经系统比较兴奋的类型,睡眠一直偏少。本科阶段,每逢期末考试,我都显得精力充沛,有时候忙起来,不吃不睡,也不饿不困。当时,我觉得这是大大的好事,节省了不少时间,并没有因此而产生任何担忧。考完试,我马上轻松下来,吃一顿大餐,或者连补几天觉,身体很快就恢复了。然而,科研是不一样的,没有备考那么清晰的任务单和明确的时间轴,压力无处不在,焦虑也如影随形,的确会对睡眠产生一定的影响。平时,我会通过体育锻炼来改善睡眠,但是,最近身体不适,又觉得运动浪费时间,也就没有坚持。

听了我的叙述,咨询师姐姐一语道破:"那你晚上睡不好觉,躺在那儿,翻来覆去地'烙饼',不也是浪费时间吗?没有完美的选择,我们只能在若干不完美的选择中,找一个眼下可以接受的。"

大学怎么过

她说服了我,我又恢复了体育锻炼。身体不舒服的时候,就选择比较缓和的运动方式,比如散步;状态较好的时候,就选择比较激烈的运动方式,比如打乒乓球、跑步、跳绳等。

同时,我还发展出一项应对"失眠"的心理策略:闭着眼睛平躺也是一种休息,无需跟自己较劲,顺其自然就好。退一步讲,其实,晚上睡不好觉也不是什么大问题。工作间隙,我可以挤时间小憩一会儿;感觉疲倦的时候,我可以听音乐放松一下,或者出去散步,也能收到休息的效果。再退一步讲,虽然精力不够集中容易导致实验失误,这也不是绝对的。我可以在状态不好的时候,做一些相对简单的操作,找到感觉之后,再做复杂的实验。承认当下的局限,才能心平气和,想办法进行调整。

博士毕业之后,我告别了亲朋好友,独自一人,远赴加拿大多伦多大学做博士后研究。

同样是在宿舍与实验楼之间穿梭,却没有了清华园里熙熙攘攘的人群和川流不息的单车。脱离了熟悉的校园氛围与人文环境,孤独就像乌云一般,笼罩在我的头顶。

课题组工作繁忙,我每天早出晚归,上下班路上,常常一个行人也没有,只能看见流浪汉。他们有的窝在墙角酣睡,有的躺在排气口取暖。无论艳阳高照,还是刮风下雨,无家之人始终形单影只,流浪如斯。我每每路过,就心生怜悯,触景生情。他们也许是无家可归,而我却是有家难回。可再一想,自从考上清华,我回家的次数就很少,与父母朝夕相处的日子也屈指可数。他们对此并无抱怨,反而总是在我离家前恋恋不舍的时候，劝慰我说："女儿考上了清华，就是交给了国家，好儿女志在四方。"

时间是一剂良药。在海外漂泊久了，我逐渐习惯了孤独而忙碌的生活，把对祖国、对清华、对亲朋好友的思念之情，都化作努力工作的动力，心心念念要早日学成归国。

没想到的是，真正的挑战还在后面。

2020年春季，新冠疫情肆虐全球。多伦多大学关闭，我所在的实验室也停工了。起初，我感到非常焦虑，不知道应当如何度过居家工作的日子，甚至蠢蠢欲动地计划着，要"悄悄溜进学校做实验"。这当然不可行。

煎熬了一周之后，我决定"既来之，则安之"，让自己行动起来。

我先给自己列出近期"任务清单"，包括：撰写一篇研究论文，阅读本领域内的文献，阅读专业书籍和相关资料等。然后，我又写下自己的"愿望清单"，彻底放松一下，看看自己渴望已久，却一直没抽出时间看的课外书和影视作品。

"愿望清单"使我心情开朗了不少，而"任务清单"却使我感到有些压力，担心自己能否顺利完成这些事项。因此，我又预测了在此过程中可能会遇到哪些困难，并针对每一个困难进行具体分析，想出对应的解决方案。

比如，我担心宿舍的工作条件比不上办公室，从而导致效率降低。

我想，撇开确实无法推进的实验不谈，办公室的工作条件究竟

大学怎么过

好在哪里呢？有校园网覆盖，网速快且稳定，便于随时浏览和下载各种学术资源；有明亮的灯光、宽敞的书桌和大屏的显示器……其实，细细想来，主要也就是这些了。

我又一想，宿舍虽然暂时不具备这样的条件，但是，稍加改造也可提高水平。我搭建了虚拟专用网络，连接了学校的网络账号，用于浏览和下载文献；又买来一盏高瓦数的落地灯、一张宽大的书桌、一台大屏的显示器，"完美"复刻了办公室的工作条件，缓解了相关的忧虑。

又如，我担心长期关在家里，缺乏运动，从而导致我身体虚弱、情绪消沉。

平时，我习惯隔日去学校的体育馆游泳，现在肯定做不到了。但是，既然运动是我生活中的刚需，就还是要想办法保证。于是，我决定每两天出门"放一次风"，坚持跑步、跳绳或者快走，并在心里宽慰自己：只要戴好口罩、及时消毒、勤洗手，就不会感染肺炎。

类似的思考和行动还有很多，在此不赘述了。居家工作的几个月里，我按照计划，写好了研究论文，阅读了大量的文献和专业书籍，积累了知识，也产生了灵感。工作之余，我还痛痛快快地看了不少课外书和影视作品，充分享受这份难得的闲暇。

更重要的是，在那些孤独的日子里，我学会了跟自己相处。我会花费小半天的时间，煮一份可口的食物，做一道精美的甜点，也会有条不紊地扫地洗衣、收拾宿舍；我会倚在床头，看上几个小时的小说，也会在出门散步时轻声唱歌，为平淡的生活增加几分乐趣。

与此同时，我的心灵也变得丰富起来。我将清华九年的求学时光在脑海中慢慢回放,细细品读,静静思考。然后,我端坐于书桌前,将自己的所思所想记录下来,写成此书,也算是"意外收获"了。

见贤思齐,但不妄自菲薄

清华有一种强大的气场,其中充满"追求卓越"的精神。对于清华人而言,日常生活中最不缺少的就是"见贤思齐",这是成长动力,却也带来朋辈压力。

我认识一个女生,她在本科宿舍里面排行老三,曾经生动地给我讲过她和室友的故事。

首先是超级勤奋的老大。

> 老大是我们宿舍的大姐姐,来自祖国的西北。她当年婉拒了北大医学院抛来的橄榄枝,毅然复读一年,终于考进了清华,因此比我们年长一岁。单单这一段经历,就足以让我们三个小妹佩服得五体投地。尤其是老四,她中学时代的梦想就是上北大医学院,只可惜父母嫌她粗枝大叶、笨手拙脚,坚决投了反对票,老四至今耿耿于怀。
>
> 新生入学,军训开始没几天,老大就成为全连队的"标兵"。她的闹钟是军队的"起床号"。每天早晨闹钟刚响,她就一骨碌爬起来,大声喊:"到点儿啦!起床啦!"等我们揉着惺忪睡眼,一个个从被窝里钻出来,老大已经

利利索索地将被子叠得整整齐齐，如同"豆腐块"。后来听辅导员说，每次内务检查，老大的"豆腐块"都会赢得教官、辅导员的交口称赞，成为我们连队一张耀眼的名片。这使只能把被子叠成"豆腐泡"的我十分羡慕，先是央求老大赐教，几次三番之后，干脆请她代劳。老大十分热心，爬上我的床铺，左一抨，右一押，不多时，便把我的被子也砌成了"豆腐块"的模样。

老大的出色，当然不只体现在叠"豆腐块"上。军姿、列队、齐步、正步，老大项项突出，样样精彩。最令人震撼的，是她的"军体拳"。刚学"军体拳"的时候，老大做了这步就忘了下步，肢体也不协调，惹得教官连连叹息。可是，没过几天，大家合练的时候，老大就如同脱胎换骨一般，姿势标准，动作流畅，一气呵成。于是，在我们心里，老大显得格外神奇，地位愈发崇高起来。后来，她还将全连女生集合起来，利用晚上休息的时间，在宿舍楼下站成一排，一练就是一小时，大大地拯救了我们的军训成绩。

跟勤奋的老大相比，我们三个小妹显得十分懒散。军训刚一结束，我们就原形毕露了，如果不是为了应付每周四下午的宿舍卫生检查，恨不得连被子也不叠。而老大的"豆腐块"，却一直叠到了本科毕业。

除了叠"豆腐块"以外，老大的第二个爱好是跑步。清华女生每年只有秋季学期才考1500米跑，可是，老大一年四季都练得不亦乐乎。她戴着耳机,一边听英语,一边绕着操场一圈又一圈地跑,头上冒着热气,脸上写着满足。对她而言,1500米根本不在话下,次次都是满分。而我们的测试成绩,却以每年半分钟的速度,均匀地退步着。遗憾的是,老大这么喜欢跑步,身体却不好——也许是小时候营养不良的缘故。大二暑假里的一天,她突发"耳石症",医生建议卧床休养,至少短期内不能再随心所欲地跑步了。但她又想跑,就总是告诫自己:"等熬过这段时间,彻底养好之后,就可以跑个痛快了!"我听了,顿觉十分惭愧,毕竟,跑步这种可怕的爱好不是每个人都有的。

老大的第三个爱好是上自习。她从大一开始,就坚持每天早晨七点起床,七点半从宿舍出发,一直在老馆自习到闭馆,才回到宿舍,雷打不动,直到毕业。我一度感到好奇,这么早出晚归,她怎么有时间洗澡呢?要知道当时,清华宿舍的电和热水只供应到晚上十一点左右。后来,我悄悄地问她,她说:"哦,我老家干旱缺水,我从小就习惯了洗冷水澡。"洗完冷水澡的老大并没有马上休息,而是在应急台灯下,继续学习,直到半夜才恋恋不舍地放下书本,上床睡觉。

在这样的努力下,老大的成绩始终很好,本科毕业以后,保送了系里的硕博连读。她的这个选择,大大出乎了我们的意料。因为她每天戴着耳机听英语,托福也考了很高的分数，我们满以为她会出国读书。可是她说，她来自农村，家庭条件不好，完全是靠着父老乡亲的热心资助才能读到现在，一定要努力学习，将来回去建设家乡。对于未来，她有着闪亮而坚定的梦想，即使遇到挫折，也绝不轻言放弃。我相信，一个对梦想如此虔诚的人，理应得到属于她的成功。

然后是心灵手巧的老二。

老二来自湖南，说话口音很重，尤其是f和h、l和n，完全分不清楚——她一直说自己来自"福兰"来着。我之前听说过"头发昏、眼发花"的段子，拿来训练她，她果然念成了"头发分，眼发发"，引得我们一阵大笑。

老二和我一样喜欢睡懒觉。军训期间，老大喊我们起床时，老二总是懒洋洋地嘟哝一句"再眯哈子"，就又翻身睡了过去。因此，她早晨的时间总是捉襟见肘，当然叠不出"豆腐块"。可她自有办法：用水将被子的相关部分淋湿，再夹两张纸板进去，打眼一瞅，效果上乘。可惜，这一招很快被教官的火眼金睛识破，辅导员于是不点名地批评了老二，说："怎么能这么做呢？盖着湿被子，不怕感冒吗？"老二因此讪讪，连声感叹自己"搞不赢"，从此加入我的阵营，共同奴役老大。

内务虽不理想，可老二有她的特长：歌喉出众，多才多艺，每次跟兄弟连队拉歌，她都是我方的"主力"。只见她

第五章　做个快乐读书人

不紧不慢地站起身子,侧脸朝向我们,笑容满面地喊起来:"一二三四五,我们等得好辛苦——""一二三四五六七,我们等得好着急——"悠扬婉转,余音袅袅,引来一片围观,其中不乏爱慕的眼光。再加上老二眉清目秀、皓齿明眸,很快便有追求者无数。

老二不想这么早谈恋爱,军训完毕开始上课后,就每天拉着我一起上自习。我们作息习惯类似,既不像老大那么奋发图强,也不像老四那样足不出户,就出双入对,形影不离。可饶是如此,大一结束之后没多久,老二就有了对象,夏季学期里还给对方织了一条围巾。我们的夏季学期以实验类课程为主,晚上没事做,她就买来毛线,坐在床上,一针一线地织着,嘴里小声哼着歌儿,一脸的幸福。我羡慕她的心灵手巧,便凑上前去,求她教我。学了几次之后,我又觉得麻烦,就扔掉针线,半途而废了。老二却很有耐心,花了整整一个月,才完成这项浩大的工程。

老二的心灵手巧还体现在做饭上。大四的"男生节",我们班集体出游,找了间"日租房",自己动手做饭,由每个女生贡献一道拿手菜。我们做的都是某某炒某某:将蔬菜择了、洗了、切了,扔进锅里,和着香肠或者鸡蛋一炒,敷衍了事。老二表演的却是湖南名菜"剁椒鱼头"。她备了相关的调料,在厨房里大显身手。出锅前,看着红红的辣椒,不少男生表示不敢下口;出锅后,端上桌,色

大学怎么过

香味俱佳,大家就都忘了之前说过的话,食指大动,一会儿就一扫而光了。后来,在大家的强烈要求下,老二又迅速地返回厨房,不多时便端出一碗"辣椒炒肉",也是相当惊艳。

厨艺精湛的老二,做起实验来更是娴熟,如同行云流水一般:思路清晰、动作飞快,实验台有条有理,做完实验,立即收拾得干干净净。她的字也漂亮,预习报告、实验记录清清爽爽,一丝不苟,令人赏心悦目。老师每每夸奖,她便嘴角上扬,微微一笑,有些害羞的样子,然后转头对我说:"嗨,老三,咱们晚上吃麻辣香锅去吧?"

有句话说"爱笑的女孩命好"。我总觉得,老二就是这样:她读书也用功,但从来不为此焦虑,而是心态平和,乐在其中;她工作能力强,虽然很少争取社工上的职务,却总有一些喜从天降的机遇,使她得以一展才华。本科毕业之后,她保研到隔壁院系读硕士,每天照例快快乐乐,笑口常开。我们实验室距离不远,就经常相约见面。每次跟她在一起,我总会回到轻松自在的状态里,觉得哪怕再平凡的生活,也时时处处充满乐趣。

最后是天赋异禀的老四。

老四是我们宿舍的小妹妹,一个典型的北京姑娘。她身材娇小苗条,剪着假小子般的短头发,乍一看像个小孩。新生报到时,我们都以为她是哪个同学的妹妹,顿时对她生出几分怜爱来。

　　同处一室的第一个晚上，我们卧谈至深夜。老大说到她婉拒北大医学院一事，老四当场长吁短叹起来："天哪天哪，我要是你多好，我最想去北大医学院了！"然后，便絮絮说起自己的故事来：她从小体弱多病，经常被父母抱在怀里，或者放在自行车横梁上，来个"儿童医院一日游"。久而久之，她便深深爱上了那里的气氛：身穿白大褂，神情严肃的医生；头戴燕尾帽，来去匆匆的护士；还有那浓浓的来苏水味儿。老四说，那是"洁净、专业"的象征。上中学以后，老四便心心念念要考北大医学院，将来也成为一名医生。

　　可惜父母不同意，他们的理由倒也简单："就你那粗枝大叶、笨手拙脚，别做完手术再把纱布落在患者肚子里！"老四只好服从，却始终心有不甘。

　　很快，我们便深深庆幸老四没有学医，因为她的动手能力确实太差了。军训还没开始，她就为叠"豆腐块"而深感头疼，用她的话说是"初一、高一军训时，光为叠被子，也不知道被教官骂了多少回！"但是，她又实在聪明：教官来女生宿舍演示如何叠被子时，她自告奋勇，贡献出自己的被子。等教官做完示范，她便小心翼翼地把被子"请"到床上去，直到军训结束，再也没拆开过。所幸她又瘦又小，即使被子在床上占据了相当的面积，也丝毫不影响她每晚的酣睡。

大学怎么过

年纪最小、身子最弱的老四,后来却成了我们宿舍的寝室长。这是因为,拉练回来,大家脚上都打了水泡,又不敢处理,疼得吱哇乱叫。老四便大显身手:先从柜子里拿出一瓶酒精消毒液,又取来一根缝衣针,仔细消过毒后,耐心地帮大家挑破水泡、挤出液体,再敷上一枚创可贴,当场获得了大家的"芳心"。军训结束之后,我们一致推举老四当寝室长,她欣然同意,从此成为我们仨的"公仆",被我们指使来、指使去。她权当是寝室长的责任,也不反抗,宁可把全宿舍的快乐建立在自己的辛苦之上,为宿舍的大事小情操劳不已,深受大家爱戴。

寝室长的本职工作并不多:安排个值日表,睡前检查一下门窗,组织几次宿舍活动,大致也就是这些了。而且,由于老大过于勤劳,卫生的事情基本不用老四操心;由于我安全意识极强,每晚必反复检查门窗,也无需老四额外耗神儿。所以,她主要负责组织宿舍活动。老四家在北京,常常拉着我们到处游玩,走遍了北京的大街小巷,逛遍了各种展览馆、博物馆,还时不时地邀请我们去她家里做客,顺便改善伙食。老四作为"寝室长"的重要功能,还发挥在老大生病卧床期间,每天打饭端水、嘘寒问暖,还上网自学了治疗"耳石症"的"复位操",无微不至地照顾着老大。我们看在眼里,都十分感动。

其实,老四大多数时候并不细心,丢三落四、张冠李戴是常有的事儿。大一刚开学时,她曾经出门上过自习,小小的身子，背着大大的书包，一蹦一跳地出门去。可不多时，她又垂头丧气地跑回来，不是忘了带手机，就是忘了带自行车钥匙。我们住在七楼，上下爬楼梯实在麻烦。于是，她便放弃了出门的念头，每天只要没课，就待在宿舍里，大门不出、二门不迈，自由自在。

老四虽然很"宅"，晚上睡得又早，十一点熄了灯就准时上床休息，但作业却写得飞快，成绩也很棒，尤其是数学，动辄满分。我们宿舍学习最好的老大每天早出晚归，我们遇到难题不会，就优先去问老四。她总是坐在床上，伸头扫一眼，便指点江山道："先这么一算，再那么一算，不就出来了吗？"她的思路清晰又简洁，使我常常怀疑自己当年高考是否全凭了超水平发挥才来到清华。

本科毕业之后，老四跨专业申请，出国去读公共卫生方向的硕士，也算是对自己的"医学梦"有个交代。我想，她一定会发展得很好，她虽未练就一双"妙手"，却拥有一颗更加珍贵的"佛心"。

可就是这样团结友爱的"完美宿舍"，曾经给老三带来不小的压力：超级勤奋的老大、心灵手巧的老二、天赋异禀的老四，都让老三感觉自卑。

她佩服老大："她每天热火朝天地跑步，早出晚归地学习，好像从来都不需要休息似的！她怎么就不觉得累呢？"

她欣赏老二："有一次，我跟她分在一组做实验，我吭哧吭哧才

大学怎么过

做了一半,她那边就已经实验完毕、整理仪器了!"

她更羡慕老四:"她几乎从不出门上自习,每天晚上睡得又那么早,可是好像一点也不耽误,作业写得又快又好!"

我深深理解老三。我从小和姐姐一起长大,在学习与生活的方方面面,一直处于"比学赶帮超"的同胞竞争当中。这是我们的成长动力,也难免带来烦恼。上高中时,姐姐选择了物理竞赛,而我选择了化学竞赛。这时候,我们才真正意识到,尽管由同一枚受精卵分裂而来,尽管从小到大常被问及"谁是姐姐、谁是妹妹"或者"谁身体好、谁学习好",但我们毕竟是完全不同的两个人,没有必要互为参照系。意识到这一点之后,我们经过讨论,达成共识,将目光聚焦于自身成长,不过分关注对方,避免将精力消耗在无谓的比较当中。而且,姐姐偏爱物理,我擅长化学,正好可以互相帮助,为彼此答疑解惑。"合作"远比"竞争"更重要,只有"合作"才能实现"双赢"。

于是,我先帮老三疏导了压力,又做出了以下的分析。

一方面,每个同学的"起跑线"不同。即使考入同一所大学,大家的学科基础也有差异,不具有可比性。比如,有的同学从小喜欢看课外书,阅读速度比较快,对文字的理解也会更到位;有的同学从小帮父母做家务,动手能力比较强,做实验就会更顺利;也有的同学在中学阶段参加过学科竞赛的培训,或者自学过大学教材,学习相关课程时,就会显得更轻松……这样的差异是客观存在的。但与此同时,我们也要看到,大部分的"技能"都是可以通过反复练习来提升的。虽然"起跑线"有所不同，但还是要积极投入时间和精力，在各自的跑道上奋勇向前，不断突破自我。

另一方面，每个同学的"终点线"也不同。中学阶段的重心就是努力学习，将来考个好大学，所以，大家都在全力以赴地学习，步调高度一致。但是，上大学之后，生活方式、发展目标逐渐变得多元。有的同学希望夯实基础，学好专业课，就每天去图书馆读书、上自习，早出晚归、风雨无阻；有的同学渴望广泛涉猎知识，就选修多门课程、参加各类讲座，与名师交流；也有的同学喜欢多姿多彩的生活，就利用课余时间参加社会工作、兴趣社团、实习实践等活动。当代社会，分工高度细化，各行各业需要不同类型的人才。因此，每个人都有适合的发展路径，关键在于找到自己喜欢和擅长的领域，找准自己的人生定位，创造属于自己的精彩。

我还跟老三探讨："你从室友的身上，看到了这么多闪光点，那你觉得，自己身上有什么特长或者优点呢？"

老三想了想，说："我真没什么'特长'……如果说'优点'倒是有，从小到大，我都踏踏实实、认认真真地学习，很少偷工减料、敷衍了事；我纪律也不错，很少调皮捣蛋，也不争强好胜，有什么荣誉，我总是谦让给别的同学，所以人缘也挺好的。"

我说："是啊，别看你平时默默无闻，却一直脚踏实地，取得了优异的成绩，也赢得了大家的喜爱。还有吗？"

老三又想了想，然后眼睛一亮，说："我的观察、模仿能力好像也挺强的，看到别人有什么长处，或者值得我学习的地方，很快就能学过来！"

我说:"是啊,正是这种性格,使你的心灵能够沉静下来,专注于学习,变得越来越优秀。"

后来,老三终于找回了自信,用精炼优美的文字,写下了自己的故事:

我是老三,来自寒冷的东北。别人听说我是东北人,第一反应总是"你是不是一点儿都不怕冷?"刚开始,我总是自豪地点点头;随后不久,就发现自己的抗寒属性远不如南方来的同学。北京的冬天那么冷,他们也只是在衬衣外面套一件夹克或者风衣,绝不会像我那样,穿得里三层、外三层。对此,我的解释是:咱东北户外虽然冷,但室内暖和啊。

当然,我也不敢再以"扛冻"自居,从此回归了平凡的生活。

我既不像老大那般严谨求实、勤奋刻苦,也不像老二那么多才多艺、心灵手巧,更不像老四那样聪明过人、天赋异禀。

我注定是清华园里的普通人。但是,我的人缘始终很好:课余时间,我居然成了室友们争抢的对象——老大拉我去操场跑步;老二约我去食堂吃饭;平时喜欢"宅"在宿舍的老四,也总是在晚上喊我去操场上散步、闲谈。

除了室友,还有来自其他院系的好朋友到宿舍找我聊天。即使她们第一次来,也能迅速找到我的床位。说来惭愧,那大概是我们宿舍里最乱的一隅:书桌上,摊着各门课程的书本、五颜六色的文具和各种各样的零食;衣橱里,袜子杂乱无序地堆着,衣服裤子层层叠叠;床铺上,摆着大大小小的玩偶和厚薄不一的毯子,我并不觉得拥挤,刨个坑儿就卧下去了。第二天早晨起床,我总是随机地从衣橱里抓出一件衣服、一条裤子、两只一样的袜子,往身上一套,就出门了。甚至有一次,我还穿着左右不一样的两只鞋,上了一晚上的课。

为此,老四作为寝室长,曾经认真地找我谈话,要我注意内务,不要拖累了宿舍的卫生成绩,我却时常忘记。后来,她实在看不下去,便出手补救:每周四下午,爬到我的床上,把被子拉开并均匀铺平,下面再摆上几只玩偶,造成我在蒙头午睡的假象,以躲避卫生检查。

所幸,大家从不因此而责怪我。因为她们知道,这些生活琐事都不在我的心上。

我唯一在意的,是安全。

小时候学校开展安全教育,要求大家注意防火、防盗、防煤气中毒。也许是这教育过于严肃和深入人心,给我留下了不小的心理阴影。学校宿舍严禁烟火,更没有煤气,我的全部心思就集中在了"防盗"上面,每晚睡前,必定反复检查宿舍门窗是否关好。如果有人起夜,我也会立刻醒来,竖着耳朵,听门锁舌头有没有"嗒"一声扣上。天长日久,我练就了一项"特异功能":无论何时,门

大学怎么过

开就醒,门关即睡,丝毫不影响睡眠质量。老四说,我比较适合去急诊室值夜班。

和热爱医学的老四住在一起,于我是莫大的便利:班里有同学骑自行车不慎把脾脏摔裂了,我就摸着自己的左上腹嘀咕:"我今天撞了一下,脾不会也破了吧?"隔壁宿舍的女生得了急性阑尾炎住院开刀,我又觉得自己右下腹隐隐作痛:"我今天吃完饭走得比较快,可能也要得阑尾炎了!"每每这时,我就愁眉苦脸地去找老四"诊断"。老四总是煞有介事地让我躺在床上,用手在我的肚子上按来按去,一脸严肃地说:"不妙了,不妙了,我这个江湖郎中也无能为力了,看来需要打电话叫999了!"然后,室友们便一起哈哈大笑起来。

如此"贪生怕死"的我,却喜欢尝试新鲜事物,渴望惊险刺激的生活。

我喜欢看刑侦小说,喜欢看悬疑电影,几乎达到了痴迷的程度:每天晚上,都要躲在被窝里看上一段,然后心满意足地睡去,有时还在宿舍里,津津有味地讲起其中的情节。

对此,老大曾经大惑不解:"你不怕夜里做噩梦吗?"

我总是摇摇头:"不怕啊,我还经常在梦里编续集呢。"

老二一针见血:"你们不知道,老三的心里住着一个大作家呢。"

她说得没错。我真正热爱的,是写作。

从小到大，语文一直是我最喜欢的课程，作文又是我最擅长的项目。我喜欢观察周围的同学，在日记本上写下他们的种种特点："同桌的头发是自来卷，好像油炸方便面"；"好朋友跳起皮筋来，两只脚在皮筋之间穿梭，像燕子一样轻盈灵活"……我还负责撰写班级日志，试过打油诗、三句半等各种形式，总能吸引不少同学传阅，这使我感受到被认可的快乐，创作的愿望更强烈了。

我期待有一天，自己也能写出一部长篇巨著，关乎我现实里努力读书的青春年华，也关乎我理想中轰轰烈烈的激情岁月。

我于是相信，不管是现实还是理想，我都是独一无二的，最好的自己。

| 接纳情绪，聚焦问题解决 |

2019 年，Nature 期刊面向多个国家的研究生群体开展了一项调研，发现有 30% 以上的研究生会因为学业不顺利而产生抑郁情绪。给清华学生做学业咨询时，我也发现不少研究生和曾经的我一样，受困于繁重的科研任务、偏离预期的实验结果、未来发展的不确定性等，出现负面情绪。作为"过来人"，我在此列举出研究生群体常见的心理困惑，并进行分析和解答，以飨读者。

有同学说，做科研压力很大，每天都觉得特别累，少有放松的感觉。偶尔遇到一件好玩的事情，刚咧嘴一笑，心里马上想到"实验还没做出来，有什么可高兴的"，心情又变得糟糕起来。

这其实是研究生的常态。科研本来就是一项"高级智力活动"，难度大、挑战多，充满不确定性，再加上能否按期毕业的压力、职业发展规划的压力等，确实不轻松。但是，既然"井无压力不出油，人无压力轻飘飘"，既然无法避免压力的产生，我们不妨直面压力的存在，学会缓解和疏导压力，并想办法将压力转化为动力。

我曾经听一位姓王的来访同学说起，他正处于课题攻关的关键时期，每天早晨，导师走进学生休息室的第一句话就是："小王，实验做得怎么样了？要抓紧！"没过几天，同门师兄弟也纷纷学着导师的腔调，时不时地逗他说："小王，实验做得怎么样了？要抓紧！"这使他感觉压力很大。我理解小王同学的感受，但对此却有些无可奈何，只能建议他尽量排除外界的干扰，把自己的学习状态调成"静音"模式。其实，身在同一课题组的研究生，应当同舟共济，彼此鼓励、支持，避免互相攀比，传递焦虑。

另外，不要将"科研"当成自己生活的唯一内容，更不要将"科研"当成自己未来的唯一出路。"心无旁骛"是好事，但凡事过犹不及。太过投入，就容易钻牛角尖，导致视野变得狭窄，思维也变得单一。新闻时有报道，一些研究生同学，因为课题进展不顺利，研究论文被拒稿，或者无法按期毕业而郁郁寡欢、自我否定，甚至情绪崩溃、自伤自杀，那就太令人遗憾了。其实，"科研"只是身外之物，站在更长远的时间维度上来看，课题进展与论文发表是否顺利，能否按期毕业、获得学位，真的没有那么重要，顶多是人生长河里的一朵小水花罢了。塞翁失马，焉知非福，没有人能够准确地评估自己的一时得失，因此，不妨淡定、超脱一些，不以物喜，不以己悲，尽力而为就好。

有同学说，自己对所做课题不感兴趣，导致学习动力不足，应该怎么办呢？

这个问题比较复杂，通常来说，"兴趣缺乏"可能由多种原因导致。比如，原本对所做课题感兴趣，但是做了一段时间，始终没有取得进展，自己得不到正反馈，甚至收到了来自导师的负反馈，导致兴趣衰退。又如，原本对所做课题了解不多，以为自己感兴趣，但是做了一段时间，发现实际情况和自己的想象不一样，从而感到失望。再如，自己对课题的某一部分兴趣较大，也比较擅长；对另一部分则兴趣较小，或者不太擅长，早早做完了感兴趣的部分，剩下的"硬骨头"就不愿意啃了。

要想解决"对课题不感兴趣"这一问题，首先要对自己"缺乏兴趣"的原因加以甄别。如果是因为进度缓慢，问题就变成了"如何有效推进课题"，我们稍后详细讨论。如果真的是对课题的全部或者某一部分不感兴趣，可以考虑向导师讲明情况，看看有没有机会更换课题；也可以寻求适当的学术合作，请别人帮忙做自己不感兴趣或者无法胜任的部分。

此外，我们也要看到，兴趣是可以培养的，其要点如下：

一是实事求是，了解并接纳自己的真实水平，避免过高期待。我们要志存高远、仰望星空，更要循序渐进、脚踏实地。过高期待的背后，往往是对实际情况的不满意，时间一长，自信心就会受到打击。因此，要为自己设置一个"跳一跳就够得着"的阶段性目标，稍加努力就能实现，从中获得成就感，提升效能感，在美好的体验中逐渐增加对学习的兴趣。

二是将主要精力集中在做事情本身，避免过度评价。我曾经听说过一个有趣的比喻：做科研如同"嗑瓜子"，磕出的瓜子仁就是一个个小小的正反馈。大家都喜欢嗑瓜子，但是，如果一边嗑瓜子，一边想着"我要嗑得又快又好，提高效率"，或者"瓜子富含多种维生素与不饱和脂肪酸，吃瓜子对身体有好处"，甚至"吃瓜子能使我长得更强壮，超过隔壁的某某某"，就容易分心，不仅消解了嗑瓜子的乐趣，也败坏了吃瓜子的胃口。因此，要多关注科学问题，少计较利害得失，不要刚做几天实验就急着想出成果，也不要一看别人发了论文就坐不住，以免影响对科研的兴趣。

三是劳逸结合，张弛有度，不要过分苛求自己努力。科研讲究"慢工出细活"，讲究"厚积薄发"，需要付出时间，更需要投入精力；需要苦思冥想，也需要灵光一现。因此，要不急不躁，按部就班地推进课题研究，找到适合自己的工作节奏。一味苛求自己努力，反而有损身心健康，不利于长远发展。

退一步讲，即使发现自己真的难以调整，无法培养对所做课题的兴趣，我们还可以换个角度，转而思考"如何在不感兴趣的情况下推进课题研究"。其实，对待这个问题，大多数同学都是有经验的：高考那么多门课程，你都是特别感兴趣的吗？面对那些不感兴趣的课程，你是怎么学习的？由此，我们可以将过往的经验迁移到研究生阶段的学习中。

当然，如果发现自己可能存在强烈的焦虑、抑郁情绪，导致多方面兴趣减退，那就不是本书探讨的范畴，而需要到医院精神科做评估和治疗了。

接下来，我们来讨论如何有效推进课题研究。

有同学说，自己的科研进度缓慢，文献报道的数据重复不出来，自己做的实验结果又不稳定，忽好忽坏，因此感到焦虑。

关于这个问题，我有切身体会。

博士后期间，我的研究课题一度遭遇瓶颈，实验结果的可重复性不佳。起初，我和实验室同学开玩笑说，每天做实验就像"买彩票"一样，能否中奖，全靠运气。玩笑归玩笑，看着"跌宕起伏"的实验结果，我也开始焦躁不安，心态失衡。过了一段时间，我意识到这样下去不行，实验结果"不稳定"的背后一定有需要探究的科学问题。与合作导师讨论之后，我决定要探究一下，看看到底问题出在哪里。

于是，我细化了后续实验的记录，在记录操作细节、耗时长短等常规内容的同时，加进了实验当日的天气情况。最终，我发现实验结果与天气有关：每逢下雨，实验结果就不好。

为什么实验结果会与下雨有关？我推测，下雨会导致空气湿度变大，室内水蒸气的含量增加，可能是水蒸气与我的实验体系发生了化学反应。为了验证这一假设，我买来一支湿度计，将不同空气湿度条件下的实验结果和预期结果进行对比。我发现，如果将室内

大学怎么过

空气湿度控制在 30% 以下,就能获得良好的实验结果。

当时处于夏季,降雨频繁,室内的空气湿度经常接近 100%,即使 24 小时开着除湿机,也无济于事。我不愿意耽误工作进度,就找到合作导师,申请购买一台干燥空气手套箱,将实验转移到手套箱中进行。合作导师看了我实验记录本上详细的实验结果与严谨的分析过程,欣然同意。有了这台干燥空气手套箱,我实验结果不稳定的问题很快得以解决,从此不必再"靠天吃饭"了。

这个实证过程,背后涉及科学研究中的一个重要环节——批判性分析。在以学习知识为主的本科阶段,提出问题固然重要,但答案往往已经存在,所以问题是否具有批判性,就显得不那么关键。而研究生阶段则有所不同,需要具备批判性分析的能力,从可信的负面结果中获得有价值的信息,在推动课题进展的诸多路径中排除谬误,找到正确的方向。

这个实证过程,对我们这些刚刚开始独立科研的"小白"有什么启示呢?重要的是保持一种积极的科研心态:遇到文献报道的数据重复不出来,或者自己做的实验结果不稳定的情况,不妨将之视为锻炼批判性分析能力的大好机遇。我们可以仔细分析可能存在哪些原因,再使用"控制变量法"加以探索、验证,然后想办法通过改善实验环境、优化实验流程等方法解决问题。如果所在课题组的客观条件不允许,也可以争取导师的支持,寻求学术合作,使用其他课题组的资源,借力而行。

谈到争取导师的支持,有同学说,自己跟导师的沟通好像存在障碍，经常难以完成导师布置的任务，更不知道怎样向导师表达不同观点，或者提出建议。

我在学业咨询中经常遇到这类"导学关系"问题，其背后的核心，其实是如何有效地进行人际沟通，实现"双赢"。

举一个研究生群体常见的例子。导师让你做 A 课题，但是你不愿意，不能简单说一句"我不想做"来拒绝导师，更不能阳奉阴违，指望通过不断拖延来把这件事情拖没。

首先，要给出自己"不想做 A 课题"的合理原因。

原因一："我不想做 A 课题，是因为我注意到这个课题已经有很多人在做了，比如某些论文。如果咱们再做，似乎缺乏足够的创新性"。

原因二："我不想做 A 课题，是因为它的难度较大，而我现在能力有限，如果去学新知识，又需要花费大量的时间，可能会耽误进度"。

原因三："我不想做 A 课题，是因为它需要某某实验条件或仪器设备，而咱们课题组暂时无法满足这些要求，如果要购买新的仪器设备，经济成本和时间成本都比较高（给出具体数值更好）"。

原因四："我不想做 A 课题，是因为它的研究周期太长，我根据文献报道的类似工作，做了一份详细的研究计划，包括 L 个阶段、M 个步骤，预计花费 N 个月"。

当然，这些"合理原因"的提出，都需要经过深思熟虑，不只是为了说服导师，更是为了帮助自己厘清思路，避免"想当然"，草率下结论。

大学怎么过

其次，要给出多种替代方案，供导师进行比较，做出选择。

比如，"您想让我做 A 课题，但是，我经过调研和思考，更青睐 B 课题或者 C 课题"，然后详细说明理由：B 课题或者 C 课题在哪些方面优于 A 课题，现有的实验条件和自己的研究基础更适合开展 B 课题或者 C 课题，等等；最后，提出自己的研究计划，请导师予以指导。如果导师对此表示犹豫，可以退一步说："我能否在做 A 课题的同时，也着手准备 B 课题或者 C 课题？"尤其是，如果评估导师给定的课题难度太大，很有可能在毕业之前做不完，不妨选择"两条腿走路"，同时做一两个简单的课题，增加按期毕业的"保险系数"，也让自己心安一些。当然，为了不耽误 A 课题的进行，需要额外投入更多的时间。

另外，要主动跟导师交流，定期汇报工作进度，认真对待导师的建议或者分配的任务，及时反馈，形成"闭环"结构。

比如，课题进展不顺利，导师在组会上建议"跟某某师兄探讨一下这个问题""回去看一下某篇文献"或者"看看能否找人合作"。做完之后，要及时向导师汇报："我和某某师兄讨论了这个问题，认为有这样 L 种可能，我们设计了以下 M 个实验，打算验证一下。""我按照您的要求，阅读了这篇文献，还有一个小问题没有弄明白，因此，我已经给论文的作者发了询问邮件，正在等待对方的回复。"或者"我根据您的建议，查阅了这一研究领域的多篇文献，发现有 N 家单位可能跟我们开展合作，正在进一步筛选，到时候请您帮我联系一下。"这样既可以使导师多一分掌控感，知道你日常都在做什么，遇到了哪些困难，是怎样解决的，还需要导师为你做什么；又能够督促自己减少无谓的拖延，思路清晰、有条不紊地推进课题。

再提醒一点，万一导师真的能力平平，或者不负责任，学生根本指望不上，也可以减少对导师的依赖，转而寻求同门师兄师姐的帮助，邀请所在领域内其他老师点拨迷津，或者自力更生地开展研究。当然，这对研究生自身的心理素质、能力要求都比较高，所以，还是慎重选择导师为好。

谈到学术合作，又有同学说，自己对合作伙伴不满意，对方做事情太拖延，耽误了课题进度，应该怎么办呢？

读博期间，我也曾经遇到过拖延的合作伙伴：明明谈好月初就能完成任务，对方非要拖到月底，甚至下月初才能完成。我是个急性子，在等待的过程中真是心急如焚，就一次又一次地催促，但效果并不好，对方好像也皮了，短信不回，电话不接，仿佛人间蒸发了一般。

这确实令人感到无助和不解，我当时也觉得非常苦恼。

现如今，时过境迁，我回想起这段经历，产生了一些新思考。

一方面，应该慎重选择合作伙伴。在确定合作伙伴之前，可以请导师帮忙联系，先多找一些潜在的合作伙伴，通过进一步接触与了解，评估对方能否满足合作课题的需求，也判断对方为学是否严谨认真，做事是否稳妥靠谱。然后，基于以上信息，从中选择一位最为合适的合作伙伴，彼此商定如何开展学术合作。这时候，不妨将"丑话"说到前头，约定的期限是什么时候，逾期会导致怎样的

大学怎么过

恶果。比如，研究领域竞争激烈，同类论文有可能被抢发；又如，导师的基金项目要结题，自己面临毕业答辩，等等。总之，要"有理有据"，使对方与自己站在同一阵营里，共同为课题的进展负起责任来。

另一方面，也不要过分着急。当学术合作遇到困难或者出现分歧时，要尊重和信任合作伙伴，以积极的态度来解决问题。

我曾经跟一位好朋友抱怨过合作伙伴拖延的事情。她读文科，对我的研究课题完全是个外行，看到我如此着急，就好奇地问："你预计你的合作者会拖上多久？半年？或者一年？"

听了她的话，我意识到，是自己过度焦虑了，就笑起来，说："哪有那么夸张呀，顶多也就一个月吧。可能原本需要一个月就能完成的工作，他们得做上两个月。这样看来，最坏的结果，无非就是我的课题比预计的时间晚一个月完成，那我是可以接受的。"

其实，很多问题真正剖开了看，并没有我们想象的那么严重。

有一次，我参与组织学术活动，开场前半小时，突然发现自己忘记给嘉宾准备饮用水了，就跑到附近的超市去买，结账时，却赶上排长队。当时，我真是心急火燎，一边站在队尾等待，一边不停地盯着手表看时间。轮到我结账的时候，我发现，其实比预计的时间也就多花了五六分钟。这使我意识到，很多时候，"事情进展不顺利"给我们带来的麻烦主要是烦躁的心情，并非糟糕的结果。

尤其是，对于大多数人而言，课题进度并不是一件可以精确规划、严格掌控的事情。推进课题的过程中，难免会出现实验设备故障、实验结果不尽如人意等情况。因此，在"尽人事"的同时，我们也不得不"听天命",适当降低自己的心理预期。如果实在着急,不妨选择在等待的同时,开展新的课题,不把鸡蛋放在同一个篮子里,内心体验会好很多。

再说说实验设备故障,这也是科研过程中常见的困难之一。

在多伦多大学做博士后期间,我的研究课题是开发高性能的钙钛矿发光器件,需要使用真空蒸镀设备来制备。而在当时,我们课题组没有这一实验条件,合作导师就把我派遣到隔壁课题组,借用他们的设备来做实验。

隔壁课题组仅有一套真空蒸镀设备,主管教师担心我不小心损坏它,就安排了一位博士后师兄,严格而细致地教我。师兄认真地为我讲解这套设备的工作原理、操作规范,时不时地问我:"你觉得这一步可能会出现什么错误?""这样操作的原理是什么?""如果遇到某种情况,应该怎么处理?"……

起初,我积极思考,认真琢磨,经过深思熟虑,才提出自己的见解。后来,跟师兄熟悉了,我变得不耐烦起来,忍不住抱怨说:"哎呀,我会用就行了呗,师兄问那么细干什么呀?"

师兄也不多做解释,说一句"以后你就知道了",然后好脾气地笑一笑,继续教我。

于是,我学得心不在焉、浮皮潦草,颇有"小和尚念经有口无心"的味道。

一个月左右的学习结束了,通过了理论和实操考核之后,我开始独立使用这套设备。然而,实验进展并不顺利。究其原因,一方

大学怎么过

面是这套设备比较陈旧,隔三岔五地出些小故障,要么连线接触不良,要么接口突然松了,或者机械手卡住了,等等。另一方面则是使用的人太多,每个人设置的运行参数不一样,而我总是在使用设备时忘记改回自己所需的参数,导致系统报错。

每次出现状况,我就急三火四地给师兄发信息求助。师兄的办公室离实验室很近,"随叫随到",每每飞快赶过来,帮我调试设备。我看师兄动作麻利,"手到病除",心里很羡慕。这时候,师兄才告诉我,当初之所以教得那么细,是因为"不仅要会用,还得会修",这样,实验中遇到的大部分问题,就都能自己解决了。

师兄的温文尔雅与耐心细致点醒了我。我吸取了教训,不再浮躁,不再抱怨。每次师兄修设备时,我就站在旁边,认真观摩,细心揣摩,掌握了很多知识,也积累了不少经验。经过一段时间的努力,我终于也成为了使用和修理这套设备的"专家"。

举这个例子是想说,研究生阶段,本身就是"发现问题、解决问题"的过程,而这里所说的"问题",不仅包括"科学问题",也包括"客观环境不够好""仪器设备不给力"等"现实问题"。即使客观环境不够好,即使仪器设备不给力,我们还是可以在现有的基础之上,充分发挥聪明才智,尽可能创造出好的条件,推动课题进展。

在这个过程中,最重要的是,允许并接纳负面情绪的存在,以发展的眼光看待自己。发展的眼光背后是积极的想法,可以帮助我们从负面情绪中剥离出来,聚焦于寻找问题的解决方案。具体来说,以发展的眼光看待问题,就是既承认问题客观存在,能力也有不足,也要认识到"我只是暂时遇到了问题"或者"我只是暂时缺乏某种能力";而且,"问题都是可以解决的""能力是可以培养的",并非"我永远无法解决这个问题"或者"我是一个无能的人"。所谓"只要思想不滑坡,办法总比困难多",正是这个道理。

如前所述,和诸多研究生一样,我在博士阶段也遇到过很多困难。我会因为原本计划要做的实验被意外打断而烦恼,也会因为网上购买的药品迟迟不到而焦虑;我会因为论文被屡次拒稿而产生自我怀疑,也会因为实验结果不如意而出现畏难心理。

但是,这些情绪困扰,终究成为了过去时。它们在我的内心深处潜伏、积淀、升华,成为我宝贵的人生阅历和心灵成长的养料。

2017年夏天,我如愿通过了博士学位论文答辩,顺利毕业了。毕业典礼之后,我郑重其事地坐下来,给自己写了这样一封信。

> 九年前,你收拾了简单而齐全的行囊,带着父母的期望,满怀青春的梦想,来到了北京,走进了从小梦寐以求的清华园。
>
> 面临全新的环境、偌大的校园,你并不胆怯,在辅导员的帮助下,在志愿者的引导下,很快办妥了烦琐的手续,开始了自己的大学生活。
>
> 本科四年,虽然遇到各种挑战,但是,你一直坚韧不拔,勇往直前。你改善了学习方法,学会做时间管理;你体验着丰富多彩的大学生活,也明确了自己未来的职业规划。你认真勤恳,真心对待每一个同学,专心学好每一门

大学怎么过

课程，用心做好每一份社工；你心平气和，将每一次挑战都当成难得的机会，并从中有所收获。你最终取得了优秀的成绩，如愿保送硕博连读，从此开启了自己的学术生涯，并打算为之奋斗终生。

读博以来，虽然面临许多困难，但是，你愈发勤奋刻苦，相信自己可以通过一点一滴的努力，实现所有的梦想。你仿佛又回到了大一新生入学时的精神面貌：踏踏实实、孜孜不倦。多么怀念和喜爱那时候你的样子，岁月静静流逝，可你始终拥有一颗年轻的心，朝气蓬勃，阳光向上。

你不辞辛苦，连续数日披星戴月、早出晚归地做实验，看文献，处理数据，撰写论文。做实验能给你带来那么大的乐趣吗？我知道你曾经付出了多少辛苦。那么多篇论文写起来很容易吗？我了解你经历过怎样的疲惫。人生的每一个阶段都好像没有白过，你成长了，成熟了，努力攀登着科学的高峰。

现在，历经千辛万苦，你如愿穿上了博士袍，戴上了学位帽。你终于毕业了。

这一刻，值得你欢笑，也值得你流泪；这一刻，值得你为自己鼓掌！

这是你学生时代的终点，也是你职业生涯的起点。未来总是充满不确定性，但是，你应该相信，自己一定会做出应有的贡献，而你一直都是自己生命中的"英雄"。

所以，你看到了吗？你的生命是那么灿烂而独特，你跟所有人都不一样，你就是你自己。你可能会走得磕磕绊绊，可能有时候会绕路甚至南辕北辙。请珍视这层层关卡与种种考验，请相信艰难困苦，玉汝于成。只要不言放弃、攀登不懈，你一定会冲破眼前的重重迷雾，看到远方美妙绝伦的景致，无限风光在险峰。

那时候，你就会更加深刻地知道，清华最伟大的地方不是英才汇聚，也不是高手如云，甚至不是左图右史、邺架巍巍，而是自强不息、追求卓越的精神。这精神让莘莘清华学子，年年代代，不辍努力，不断拉近梦想与现实之间的距离。

那时候，你就会更加清晰地看到，成长是起伏连绵的过程，不会一帆风顺，也没有一蹴而就。但这之中你的每一分努力都不会白费，如同一颗颗种子，默默地埋下伏笔、积蓄力量，向下生根，向上发芽，有朝一日，终将蕾绽花开，成就你生命的传奇。

那时候，你就会更加平和地相信，前方永远有崎岖坎坷的山路，也一定有意想不到的风景。请你停下脚步，驻足欣赏，并由衷地对自己说一声"谢谢"——谢谢你的坚定、坚持和坚韧，也谢谢你在清华九年里，每一天的成长。

后 记

历经两年多，我终于完成了这本书。正式交稿的那一刻，我如释重负。

回顾这本书的创作与修改过程，大致可以分为三个阶段。

第一阶段的关键词是"无拘无束"。

2020年春季，我在加拿大多伦多大学附近的一间出租屋里居家工作，每天的大部分时间，都端坐于电脑前，编织着键盘交响曲。那些日子，我不受任何拘束，想到哪里，就写到哪里，文思泉涌，篇章如流。因为我长期担任学业咨询师，所以本书的初稿，是以发生在咨询室里的对话的形式，撰写而成。为了便于叙述，我虚拟了一个名为"安宁"的来访同学，与她倾心交谈。我们在书中的对话，不是居高临下、隔岸观火的指导，而是尽量贴近实际生活，聚焦问题的核心，经过详细的分析与讨论，一起找到解决问题的方法。而我所分享的个人成长经验，也没有丝毫的优越感，而是真诚的自我剖析，期待能够抛砖引玉，给读者以启迪。

第二阶段的关键词是"洗心革面"。

初稿完成以后，我把它交给了清华大学出版社。经过几轮审稿，编辑表示"对话体"不便于阅读，希望我大幅修改。我接受了这一提议。于是，2020年底，我利用圣诞假的三周时间，重新谋篇布局，把"对话体"改为了"叙事体",并采用"夹叙夹议"的方式,将自己的观点融入其中。与第一阶段相比,这一阶段的写作目标更加明确,思路更加清晰。我在初稿的基础上,补充了许多自己的亲身经历。往事如昨,每每想起那遥远的清华园,想起我亲爱的老师、同学们,想起我在园子里度过的青春年华,昔日情愫便涌上心头,使我无比怀恋。于是,我把对母校的深情厚谊,写进了这一版的书稿,也把自己曾经的困惑与烦恼,真实而完整地呈现在读者面前。

第三阶段的关键词是"精雕细琢"。

2021年初夏,我在科研工作的间隙,每天抽出几个小时,对书稿进行修改和完善。与前两个阶段相比,这一阶段的写作可谓劳心劳力、耗时耗神。这期间,我经历过严重的"拖延"。进度缓慢时,我会对自己感到不满与质疑;焦虑来袭时,我又会看着书稿发呆,没有勇气再改下去。这期间,我也经历过"巅峰体验"。灵感丰盈时,我精神饱满,通宵达旦地工作;受到鼓舞时,我感觉整个世界都变得明亮起来。真正难熬的是最后阶段,我每天用脑过度,整个6月几乎没有睡过一个好觉,甚至经常需要服药才能入眠。这样的写作历程,使我再次深刻体会到,每个人的学习与工作状态都是动态变化的,总会有波动和起伏,要顺其自然,尊重事实,接纳"不够好"的自己,拥抱"不完美"的人生。

在此,特别感谢清华大学出版社的厚爱,感谢清华大学原党委副书记,现校务委员会副主任、清华校友总会副会长史宗恺老师的推荐,感谢清华大学学生学习与发展指导中心、心理发展指导中心多位老师的支持。他们的付出使我明白,每一本书的问世都不容易,

大学怎么过

都是许多双手托举和传递的过程,就像我笔下的大学成长之路一样,绵长而跌宕,无畏而坚韧。

最后,衷心感谢本书的每一位读者。写作过程中,我曾经无数次地想象,当你们读到这本书的时候,将会有怎样的感觉,能喜欢它吗?能从中获益吗?这使我感到忐忑,同时也满怀期待。如果在阅读过程中,有什么疑问、意见或者建议,欢迎大家通过清华大学出版社与我联系。

马冬昕

2020 年 6 月,初稿完成于多伦多

2021 年 9 月,二稿修订于多伦多

2022 年 7 月,三稿修订于清华园